DE LA PELLAGRE,

ET

DE LA FOLIE PELLAGREUSE.

DE

LA PELLAGRE

ET DE

LA FOLIE PELLAGREUSE.

OBSERVATIONS RECUEILLIES AU GRAND
HOPITAL DE MILAN.

DEUXIÈME ÉDITION.

MÉMOIRE LU A L'ACADÉMIE DES SCIENCES,

Dans sa séance du 30 novembre 1830,

PAR A. BRIERRE DE BOISMONT,

Docteur en médecine de la Faculté de Paris, Chevalier de la Légion d'honneur et du Mérite militaire de Pologne, ancien Médecin des hôpitaux de Varsovie et de Paris, Membre correspondant de l'Académie royale des Inscriptions, Belles-Lettres et Arts de Rouen, et de la Société d'émulation de la même ville, etc.

A PARIS,

CHEZ GERMER-BAILLIÈRE, LIBRAIRE,

RUE DE L'ÉCOLE DE MÉDECINE, N° 13 (*bis*).

1834.

ÉPERNAY, IMPRIMERIE DE WARIN-THIERRY ET FILS.

PRÉFACE.

En France, nous voyageons peu, et c'est sans doute à cette circonstance qu'est due la bonne opinion que nous avons de nous-mêmes, et le peu de cas que nous faisons des autres. Beaucoup de gens croient que tout est dans Paris, et lorsqu'on leur parle d'une production étrangère, on a l'air, pour eux, de revenir de l'autre monde; c'est ce qui m'est arrivé, lorsque j'ai publié pour la première fois mon mémoire sur la *Pellagre* et la *folie pellagreuse*. Qu'est-ce que c'est que cette maladie, disait-on? nous n'en avons jamais entendu parler; et cependant c'était à peine à deux cents lieues de Paris, que des milliers d'individus étaient atteints de cette terrible affection. J'avoue que je fus un peu découragé; mais les suffrages de MM. Alibert, Biett, Rayer, les éloges de quelques membres de l'académie des sciences, rassurèrent ma confiance ébranlée. En France, ce mémoire fut en grande partie inséré dans la 2ᵉ édition de l'abrégé pratique des maladies de la peau, par MM. Cazenave et Schedel; les journaux anglais, et entr'autres la Revue médico-chirurgicale de Johnson, qui jouit d'une réputation si méritée, en rendirent ainsi compte : « Le travail de M. Brierre de Boismont mérite toute l'attention des praticiens; notre propre expérience nous en fait garantir l'exactitude et la fidélité » (*the médico-chirurgical review by James Johnson,* 25 *january* 1833, page 181). En Allemagne, le professeur Fridreich de Wurtzburg, dans sa deuxième édition du diagnostic général des maladies mentales (*allgemeine diagnostik der psichichen krankeiten, Wurtzburg* 1831, page 249), dit positivement que ce mémoire est celui qui a fait le mieux connaître la Pellagre et la Folie pellagreuse. Les journaux italiens ont tenu le même langage (*annali universali di medicina, Milano*). Cette unanimité d'opinions, celle surtout de plusieurs membres de l'académie des sciences, qui ont si noblement récompensé mes travaux sur le choléra-morbus, m'ont déterminé à réimprimer ce mémoire, et à le présenter de nouveau au concours pour les encouragemens Monthyon, dont je l'avais retiré pour y faire quelques additions.

AVIS.

L'Italie septentrionale est périodiquement ravagée par une maladie cruelle, à laquelle son symptôme apparent à fait donner le nom de *Pellagre*; chaque année des milliers de laboureurs sont en proie à ce fléau destructeur qui menace de s'étendre de plus en plus. Des générations entières vouées à la phthisie, à la dysenterie, au typhus, à la folie, tels sont en dernière analyse les résultats inévitables de cette singulière affection. Une maladie aussi extraordinaire ne pouvait manquer de fixer l'attention des praticiens; aussi a-t-elle été la source de nombreux travaux de la part des médecins italiens; ce qu'ils avaient de bon nous l'avons pris, en indiquant toutefois les sources auxquelles nous puisions; mais il restait des parties importantes à traiter: nous en avons fait l'objet de nos études; puissions-nous avoir contribué à les éclaircir. Une de nos premières recherches a été l'examen des symptômes; nous nous sommes bientôt convaincu que cette partie était loin d'être exacte, malgré la description qui en avait été faite: à peine en effet, l'aliénation mentale avait-elle été effleurée. Dix années passées au milieu des fous nous ont permis de tracer un tableau de cette période, assez complet pour que les Anglais, les Allemands, et tout récemment M. le professeur Alibert dans son grand ouvrage sur les dermatoses, et MM. Cazenave et Schedel dans la 2ᵉ édition de leur Traité des maladies de la peau (page 424), aient annoncé que cette partie de notre mémoire était décrite d'une manière remarquable et tout-à-fait nouvelle. L'anatomie pathologique demandait une investigation plus sévère; les autopsies nous ont conduit à ce résultat, que le tube digestif, la moelle épinière et l'encéphale, présentaient souvent des traces de lésions qui pouvaient rendre compte des phénomènes observés pendant la vie. Les lésions de la moelle épinière n'avaient point été consignées jusqu'à nous (1); ces premiers points établis, nous nous sommes occupé de la recherche des causes. C'est en parcourant le Milanais, ses villes et surtout ses campagnes, que nous sommes arrivé à conclure que la privation des choses nécessaires, indispensables à la vie, était la grande cause génératrice de la Pellagre. La thérapeutique découlait évidemment de la connaissance de ce fait. Pour mettre cette vérité dans tout son jour, nous avons passé en revue les innombrables remèdes que la médecine pharmaceutique avait tour à tour préconisés; cet examen, en nous montrant l'impuissance des médicamens, nous a révélé l'influence de l'hygiène. Ce que nous avons constaté pour la Pellagre, nous pourrions le dire de la fièvre des camps, des prisons, des hôpitaux; du scorbut, de la dysenterie des armées; des fièvres intermittentes des marais, de la lèpre, de la peste et d'une foule d'autres affections. Quels sont les médicamens qui ont triomphé de ces affreuses maladies? Les moyens hygiéniques. Un médicament peut bien, dans ces cas, arracher quelques victimes à la mort; l'application des lois de l'hygiène prévient l'apparition de pareils fléaux, ce qui est d'une tout autre importance. En prouvant donc que le meilleur moyen de faire disparaître la Pellagre, ou du moins de l'arrêter dans ses développemens, était l'observation de quelques préceptes hygiéniques que nous avons formulés, nous croyons avoir mieux compris les vues de l'académie, que si nous avions découvert un médicament. C'est pénétré de cette double conviction que nous avons l'honneur de soumettre à l'illustre assemblée notre travail, dont les faits principaux sont appuyés sur des observations choisies, recueillies au grand hôpital de Milan et dans plusieurs autres lieux. Un exposé historique préliminaire fera d'ailleurs facilement saisir les points de contact de notre mémoire, avec les travaux des Italiens, ceux par lesquels ils en diffèrent, et les perfectionemens que nous croyons avoir apportés à cette partie de l'art de guérir.

(1) *Abrégé pratique des maladies de la peau;* ouvrage cité, p. 429.

DE LA PELLAGRE,

ET

DE LA FOLIE PELLAGREUSE.

PARTIE HISTORIQUE.

ALTERNATIVEMENT appelée *pellagre* (de deux mots italiens qui signifient fissures, crevasses de la peau), *dermatagre* ou *érysipèle périodique nerveux chronique* (Titius), *mal de misère* (Vaccari), *insolation du printemps* (Albera), *scorbut alpin* (Odoardi), *paralysie scorbutique* (Adalli), *erythema endemicum sive pelagreum* (Alibert), *maladie symptomatique des lésions du tube digestif* (Biett), cette affection est généralement connue sous la première dénomination.

Son origine a été l'objet de vives contestations. Les uns, comme Frapolli, Della Bona, Videmar, supposent qu'elle est fort ancienne ; et en faveur de cette opinion Frapolli cite un article du réglement de l'hôpital de Milan, en date de 1578, où l'on parle d'une maladie appelée *pel-*

larella, mais sans indiquer aucun de ses caractères. Odoardi, Gherardini, Strambio, Fanzago, Soler et Griva, soutiennent, au contraire, que la maladie est récente, parce qu'on n'en trouve la description dans aucun ouvrage. C'est aussi l'avis de Moscati, qui a écrit que la pellagre ne régnait en Lombardie que depuis le commencement du siècle passé. Nous discuterons plus tard cette opinion, qui ne nous paraît pas appuyée sur des argumens plus plausibles que la première.

Le grand nombre d'endroits où la pellagre s'est montrée, ont engagé les médecins italiens et étrangers à en rechercher les causes. Les uns, comme Frapolli, Albera et Griva, l'attribuent à l'action du soleil; les autres, comme Thouvenel, à l'air atmosphérique. Odoardi pense qu'elle provient de l'usage des alimens non salés. Zanetti et Gherardini la font naître de l'emploi du pain non fermenté ou mêlé avec des farines hétérogènes. Marzari accuse le maïs et l'holcus sorghum. Beaucoup d'auteurs enfin la rejettent sur la mauvaise qualité des alimens; c'est également l'opinion du docteur Holland. On avait affirmé que les eaux bourbeuses favorisaient le développement de la pellagre; l'examen des boissons a prouvé que, dans les pays où elle domine, les eaux sont très-salubres.

La recherche des causes devait conduire à l'examen de la nature et du siége de la maladie. C'est ainsi que nous voyons Videmar et Jansen la comparer à l'hypochondrie, Soler à l'impétigo, et Titius au vitiligo. Della Bona la considère comme semblable à la lèpre, à l'éléphantiasis et au scorbut. Senner cherche à montrer son analogie avec les éphélides. Odoardi prouve son identité avec le scorbut alpin et le mal de la Rosa. Gurreschi dit que la pellagre n'est autre chose que la rogne. M. le professeur Alibert la classe dans le groupe des dermatoses eczémateuses sous le nom d'*Erithema endemicum sive pelagreum*, en recommandant de ne point confondre ce groupe avec celui des dermatoses exanthémateuses, parce que le premier est le résultat d'une inflammation, et le second un virus développé par incubation. M. le docteur Biett, qui a observé la pellagre en Italie, la range dans les maladies qui, par leur nature, ne peuvent se rapporter à aucun des ordres décrits dans ses leçons; il la regarde comme symptomatique des lésions des divers organes intérieurs, et surtout des voies digestives. Cette dernière opinion avait déjà été professée par les deux Strambio; aussi considéraient-ils l'affection cutanée comme purement symptomatique. M. Giovanni Strambio, dans l'excellent ouvrage qu'il a publié, en 1824, à Milan, dit que la maladie consiste dans un état d'irritation des filamens spinaux, qui donne naissance à une phlogose abdominale, à la gastro-entérite chronique ou aiguë, jointe quelquefois à la péritonite; mais que l'état d'irritation des nerfs spinaux détermine de préférence, ou concurremment avec l'altération intestinale, une phlogose lente du névrilème des nerfs spinaux et des membranes de la moelle épinière. Enfin, les docteurs Liberali de Trévise et Carraro font deux degrés de la maladie; ils désignent le premier degré, produit par les alimens mauvais et de digestion difficile, sous le nom de gastro-entérite lente, et le second, qui est plus spécialement causé par les peines et les chagrins, sous celui de gastro-méningite.

Après avoir cherché dans le soleil, l'air, les alimens, les théories dominantes de l'époque, la cause de la pellagre, les médecins italiens ont examiné l'influence des localités. Strambio l'a vue sévir sur les riantes collines du Seprio, de la Brianza, et sur les bords de l'Olonna; il l'a observée chez les habitans de la partie sèche du duché, tandis qu'elle attaquait plus légèrement ceux qui vivaient dans les parties irrigées. Ce praticien distingué a fait en général la remarque que la pellagre était fort commune chez les malheureux agriculteurs des plaines et des collines sèches, qui boivent des eaux salubres, et ne se nourrissent jamais de poissons et de viandes salées, et qu'elle est, au contraire, assez rare dans les pays humides et à rizières, dont les habitans boivent des eaux mauvaises et mangent fréquemment des salaisons. Cerri annonce également que les populations nombreuses des pays secs situés entre le lac Majeur et le lac de Côme, qui se nourrissent constamment de pain fait avec le blé de Turquie, le seigle et le froment, ont la pellagre, tandis que d'autres populations placées sur le haut des montagnes, ou qui habitent des pays humides, qui se nourrissent seulement de blé de Turquie, ne la connaissent point. Domenico Griva l'a observée dans plusieurs provinces humides du Piémont. Enfin, la pellagre a été successivement observée dans le Frioul, à Trévise, dans les états Vénitiens, à Padoue, à Parme, à Plaisance, à Florence, etc., dont les topographies présentent de très-grandes différences.

Frapolli, un des premiers auteurs qui aient

écrit sur cette maladie, lui assigne trois périodes, qu'il désigne sous les noms de période commençante, confirmée et désespérée. Dans la première, la peau change de couleur, devient rouge; cette coloration se montre aux pieds, aux mains, et en général sur toutes les parties exposées au soleil; il y a prurit; au bout d'un certain temps l'épiderme se détache en squames furfuracées. Dans la seconde période, outre les signes précédens, on remarque que la peau devient rugueuse, calleuse, pleine de crevasses; ordinairement il n'y a point de fièvre; le malade est craintif, chagrin, il ne dort pas, il a des absences, il est sujet à l'hypocondrie, à la manie, à la démence; il y a cours de ventre, chute des forces, débilité des extrémités inférieures. Enfin, dans la troisième et dernière période, on voit survenir les affections comateuses, la fièvre, la diarrhée colliquative et la mort. Titius et Jansen ont adopté la division de Frapolli. Strambio lui a substitué une autre classification : suivant lui, la pellagre est successivement intermittente, rémittente et continue; la desquamation a trois degrés : dans le premier (*érysipèle simple*), l'épiderme se détache sous forme de squames; dans le second (*érysipèle phlycténoïde*), il y a formation de vésicules; dans le dernier enfin *(simple desquamation)*, la peau se dessèche et tombe sans qu'il y ait brûlure ou rougeur. Il distingue deux espèces de délire, l'un aigu et l'autre chronique. Le délire aigu est dangereux et accompagné de fièvre irrégulière; le malade est tantôt triste et étonné, crie à haute voix, murmure entre ses dents, tourne la tête de côté et d'autre; tantôt il paraît effrayé, comme si des spectres le poursuivaient. Le délire chronique est caractérisé par l'étourderie, la mélancolie religieuse, le silence obstiné, la lycanthropie, le penchant au suicide, mais surtout par le désir de se noyer, phénomène auquel Strambio a donné le nom d'hydromanie. Allioni et Gherardini admettent une pellagre légère, grave, compliquée et très-grave. Soler affirme que cette maladie est tantôt humide, tantôt sèche; Cerri prétend qu'elle est gastrique et nerveuse en raison des symptômes qu'elle détermine. Le professeur Borda la divise en hypersthénique et hyposthénique. Tous ces auteurs lui assignent une durée de plusieurs années.

Les travaux de ces médecins ont prouvé que les cultivateurs étaient exclusivement en proie à la pellagre. Borda ne l'a jamais observée chez les gens aisés; et si Strambio et quelques médecins l'ont rencontrée dans les villes, l'hérédité et le changement d'habitation rendent compte de cette exception, comme nous le démontrerons plus tard. Soler avait avancé que la pellagre ne paraissait point avant l'âge de douze ans. Ghirlanda, Sacco et Strambio, ont rapporté des exemples d'enfans très-jeunes présentant les symptômes de cette maladie. La contagion et l'hérédité ont été l'objet de discussions fort vives. Titius, Videmar, assurent qu'elle est contagieuse, tandis que Frapolli, Odoardi, Gherardini, Strambio, Focheris et Griva, soutiennent le contraire. L'hérédité, niée par plusieurs médecins, a été admise par les deux Strambio et par d'autres écrivains distingués. Enfin, la proportion des hommes et des femmes pellagreux n'a pas été l'objet de débats moins animés.

Nous avons dit que l'étude des causes et des symptômes avait dû engager les médecins italiens à rechercher le siége de la maladie. Domenico Griva, qui, dans sa brochure, a fait un résumé des travaux publiés jusqu'à lui, a passé en revue les altérations pathologiques; les plus ordinaires, d'après ce médecin, sont l'accumulation d'une sérosité jaunâtre dans la cavité du crâne, entre les méninges, la pie-mère et le cerveau, et dans les ventricules; l'injection des vaisseaux de la pie-mère, du plexus-choroïde et du cerveau, l'inflammation des méninges et du cerveau, les abcès et l'état squirrheux de cet organe; l'inflammation des membranes de la moelle épinière; l'accumulation de sérosité dans la cavité de la poitrine; l'inflammation et la suppuration des poumons; l'adhérence de la plèvre, les ulcérations de la trachée, de la plèvre, du médiastin et du diaphragme; l'accumulation de sérosité dans le péricarde et la cavité abdominale; l'inflammation du péritoine; l'ulcération et la gangrène de l'estomac; l'ulcération des intestins; l'hypertrophie, l'ulcération, l'état tuberculeux et squirrheux du foie. L'énumération seule de ces altérations démontrent que beaucoup d'elles sont étrangères à la pellagre.

Le pronostic de la maladie a toujours été considéré comme très-grave. Strambio dit que, pendant le cours de sa longue pratique, il a compté très-peu de guérisons. L'immense majorité des médecins qui traitent aujourd'hui les pellagreux dans les grands établissemens, la regardent comme incurable. Le coup d'œil que nous allons jeter sur les divers traitemens employés, nous convaincra de l'inefficacité de la thérapeutique.

Frapolli, persuadé que la principale indication est d'ouvrir les pores exhalans de la peau, prescrit les frictions externes, les diaphorétiques, et surtout le bain tiède général. Gherardini, après avoir démontré que le beurre, le lait, l'antimoine, le mercure, le camphre, l'ail, l'eau de chaux, le suc de limon, sont nuisibles ou pour le moins inutiles, ajoute que les meilleures remèdes sont le petit-lait, la décoction de patience, celle de sassafras ou de gayac, et spécialement le bain général et le bain partiel. Albera fait consister le traitement dans l'éloignement du soleil ; il combat les symptômes cutanés par les topiques émolliens, l'eau de chaux et l'application de la renoncule ; il recommande les viandes fraîches, le beurre, les œufs et le lait, les herbes anti-scorbutiques, les décoctions de salsepareille, le petit-lait, et surtout l'eau pure. Videmar propose les évacuans des premières voies. Della Bona vante les anti-scorbutiques. Jansen préconise la ciguë, la jusquiame, l'arnica, le camphre, la teinture de cantharides, le mercure, le beurre, l'antimoine. Soler considère le lait comme le remède universel. Thierry, dans le mal de la rosa, a employé l'antimoine et le beurre. Odoardi prétend s'être bien trouvé, dans le traitement du scorbut alpin, de la fumeterre, de l'oseille, des limons, du raifort, du cresson, du cochléaria et de la nourriture végétale. Strambio, guidé par ses recherches sur le siége de la maladie, prescrit les évacuans destinés à diviser les humeurs stagnantes dans les intestins; mais il a soin d'annoncer qu'à l'imitation du professeur Carminati, il a expérimenté toutes les méthodes, fait la médecine du symptôme, et que ses efforts ont été vains; il y a eu des améliorations, mais elles avaient lieu par toutes les méthodes, sans l'emploi d'aucune, et devaient être attribuées à la cessation des fatigues, à l'absence du soleil et à la bonne nourriture.

En terminant cet aperçu historique, signalons la divergence d'opinion des médecins italiens relativement à l'augmentation du nombre des pellagreux. Tandis que Rasori et la plupart des médecins d'hôpitaux proclament l'accroissement de la maladie, Strambio déclare qu'elle est stationnaire, et le docteur Carraro affirme que, bien loin de s'accroître, elle diminue tous les ans. Ce résultat, suivant ce médecin, est dû à la sagesse et à la bonté du gouvernement de l'Autriche; tout le monde, ajoute-t-il, est heureux; la guerre a disparu, et l'âge d'or existe pour le royaume Lombardo-Vénitien.

Passons maintenant aux faits.

OBSERVATIONS.

Obs. 1. *Premier degré.* — Le 26 mai 1830, une femme d'environ trente-quatre ans, présentant les signes d'une irritation gastrique, fut placée dans les salles de M. Calderini. Sur l'avis de M. Panceri, j'examinai la malade, et je reconnus que ses mains, la partie extérieure du sternum et le dos des pieds, étaient le siége d'une éruption érysipélateuse. La rougeur était uniforme dans plusieurs points, par macules dans d'autres, et pointillée dans quelques endroits. Cette rougeur variait pour la nuance; elle tirait du rose au rouge foncé, et disparaissait sous la pression du doigt. L'altération de la peau était limitée aux parties du corps exposées à l'action du soleil. Le reste du système tégumentaire externe était dans l'état normal. Il y avait environ trois mois que la malade avait perdu l'appétit, qu'elle s'était sentie faible et triste; mais ce ne fut que lorsque les digestions devinrent plus difficiles, et surtout à la suite d'une indigestion, qu'elle se détermina à entrer à l'hôpital. Le genre de l'affection cutanée déterminé, nous explorâmes les viscères; l'estomac et le ventre étaient légèrement sensibles à la pression, la langue rouge; il y avait de l'anorexie et de la soif. On remarquait un peu d'abattement dans les traits. Depuis son enfance, cette femme se livrait aux travaux de la campagne. Nous n'avons pu savoir si ses parens étaient pellagreux. Après un séjour de quelque temps dans l'hospice, les symptômes gastriques s'améliorèrent, la peau de la circonférence jaunit et se détacha dans plusieurs points, sous forme d'écailles extrêmement petites. Des alimens de bonne qualité et l'éloignement des causes ont arrêté les progrès du mal, et au bout de quinze jours, cette femme est sortie guérie. La médication a été peu énergique; de la limonade, quelques laxatifs légers, une diète bien entendue, ont été la base du traitement. La contrée habitée par la malade était bien aérée, pourvue d'eaux salubres; mais la nourriture dont elle usait habituellement était malsaine, peu abondante, peu réparatrice, les privations grandes, et l'avenir sans espoir d'amélioration.

Les exemples du premier degré de la pellagre s'observent très-rarement. Presque jamais, en effet, les sujets qui en sont atteints n'y font assez d'attention pour venir réclamer les secours de la médecine. Ce n'est donc qu'à l'occasion d'une maladie plus grave qu'on note ce degré. Il n'y a que les praticiens qui exercent dans les campagnes, qui le rencontrent fréquemment. Je dois à l'amitié de M. le docteur Panceri, et à la complaisance de M. le docteur Calderini, l'observation du cas que je viens de citer; il est d'ailleurs conforme à ceux qui ont été recueillis par MM. Rasori, Piontanida, Casanova, Panceri père et fils.

Obs. 2. *Deuxième degré.* —Un homme de quarante-sept ans entra, le 16 juin 1830, dans la division des pellagreux, pour y prendre les bains que l'administration de l'hôpital ordonne tous les ans. Cet homme, dont la constitution ne paraissait pas avoir souffert, avait éprouvé les premières atteintes de la maladie deux ans auparavant; elle s'était annoncée par une lassitude dans tous les membres, un sentiment de tristesse indéfinissable; ces symptômes avaient été suivis de la rubéfaction des pieds et des mains; après avoir persisté pendant deux mois, ils avaient disparu au commencement de l'été. Dans les premiers jours de mars de l'année

1830, la maladie reparut avec plus d'intensité. Le malade fut pris d'étourdissemens fréquens; il ressentit des douleurs de tête, un tiraillement en arrière qui avait son point de départ dans la moelle épinière; il était en proie à une mélancolie profonde, et se plaignait en même temps d'une faiblesse très-grande dans les extrémités inférieures, qui devenaient incapables de le soutenir. La peau des bras, des avant-bras, de la face dorsale des mains, des doigts et des pieds, était brunâtre, sèche, sillonnée, légèrement rugueuse, et offrait de distance en distance des traces de desquamation. L'épiderme altéré se soulevait sous formes de petites écailles blanchâtres, brunâtres, laissant au-dessous la peau d'un rouge luisant. Cet homme vivait bien; il exerçait la profession de boulanger, buvait constamment du vin, et ne s'exposait que rarement au soleil; mais il était né de parens pellagreux, fait que nous aurons souvent l'occasion de constater. Pendant les premiers jours de son entrée à l'hôpital, il disait que la tête lui tournait sans cesse; sa moelle épinière était douloureuse; l'estomac et surtout le ventre étaient fort sensibles à la pression, la langue rouge, l'appétit nul, le dévoiement assez fréquent; les jambes avaient presqu'entièrement perdu la sensibilité. Lorsque le malade eut été huit fois au bain, il se sentit beaucoup mieux, et vers la fin du traitement, le 7 juillet, il avait recouvré l'usage de ses jambes, les symptômes gastriques s'étaient amendés, la maladie cutanée n'avait laissé aucune trace. Le sujet est retourné dans ses foyers avec des chances probables de guérison.

Obs. 3. *Deuxième degré.* — Les symptômes ne se montrent pas toujours sous une forme aussi simple. Il arrive fréquemment que la peau, le système cérébro-spinal et le tube digestif, sont plus irrrités; c'est ce que va nous prouver l'exemple suivant :

Une paysanne âgée de dix-sept ans, née et domiciliée à Arèse, fut couchée, le 22 juin 1850, dans les salles de M. Panceri. Cette jeune fille paraissait plus âgée qu'elle ne l'était réellement; elle avait beaucoup maigri, sa physionomie exprimait la souffrance. Interrogée sur l'époque de la maladie, elle répondit qu'elle s'était montrée pour la première fois l'année précédente. Elle ne se rappelait point avoir eu de parens pellagreux; mais en la pressant de questions, elle finit par nous avouer qu'elle ne les avait jamais connus. Voici dans quel état se trouvait cette fille, lorsqu'elle fut reçue à l'hôpital : langue rouge sur les bords, blanche au milieu, gencives et intérieur de la bouche rouges, sentiment de brûlure au fond de la gorge, ventre douloureux, surtout à la pression. La malade allait plusieurs fois par jour à la garde-robe, se plaignait de pesanteur à la tête, d'étourdissemens, et ne pouvait se tenir que difficilement sur ses jambes. Elle ressentait, en outre, des élancemens dans la moelle épinière, qui lui causaient par momens une douleur assez vive. La peau du nez et des joues était recouverte de petites squames jaunâtres, qui existaient aussi sur le sternum, mais plus minces et plus colorées. Les bras, les avant-bras, les mains et les doigts, étaient le siége d'une coloration plus brunâtre; l'épiderme épaissi, sec, âpre au toucher, offrait des teintes, les unes blanchâtres, les autres tirant sur le brun; la couleur des doigts était uniforme, foncée; et le tissu altéré plus épais. De distance en distance on voyait sur la main des vésicules remplies de sérosité. On remarquait au bras cette ligne diagonale qui établit la démarcation des parties saines et des parties malades; dans cette région, l'épiderme se détachait sous forme de petites squames. Les mêmes lésions avaient lieu aux pieds, mais d'une manière

2

moins prononcée. Cette fille fut quinze jours en traitement dans le service de M. Panceri. La décoction de tamarin fut constamment prescrite avec d'autres laxatifs légers. Dans les derniers jours, la malade alla plusieurs fois au bain ; ces moyens, réunis à une bonne nourriture, produisirent d'heureux résultats ; elle sortit de l'hôpital dans un état satisfaisant.

Obs. 4. *Deuxième degré ; dix-huit ans d'origine.* — L'affection pellagreuse ne parcourt pas toujours régulièrement ses trois périodes, ainsi que quelques auteurs l'ont écrit ; elle peut, dans la seconde, rester long-temps stationnaire. Nous avons eu sous les yeux, au grand hôpital de Milan, une femme qui était pellagreuse depuis quarante-cinq ans. Ces exemples ne sont pas rares : nous allons citer l'observation d'une femme qui était atteinte de la pellagre depuis dix-huit ans.

Cette femme, travaillant à la terre, d'une constitution faible, âgée de trente-six ans, ressentit en 1812 les premières atteintes de la pellagre. La maladie fut d'abord légère, et n'empêcha point cette femme de se livrer à ses occupations habituelles ; elle disparaissait tous les hivers, laissant peu de traces de son passage. L'année dernière, les symptômes acquirent un plus haut degré d'intensité; mais la malade put cependant rester chez elle. Au commencement du printemps de 1830, ils étaient devenus tellement prononcés, qu'elle fut obligée d'entrer à l'hôpital le 1ᵉʳ mai de la même année. A cette époque, la gorge et l'estomac présentaient les signes d'une vive irritation, le dévoiement s'était déclaré avec beaucoup de force, le marasme était très-avancé; la figure avait pris le caractère de la vieillesse; la langue était rouge, le pouls plein et fréquent; l'épiderme des bras, des avant-bras, des mains, des doigts et des pieds, était sec, âpre au toucher, coloré en brun; cette altération de l'épiderme se présentait sous deux états différens; aux avant-bras, elle consistait en une multitude de petites écailles séparées l'une de l'autre; aux doigts, elle formait une espèce de cuirasse, mais seulement à la face dorsale : aux pieds, la peau était épaisse et brunâtre. Dans plusieurs points, la peau altérée se détachait, et le tissu sous-jacent était blanc, et n'offrait aucune lésion. Au cou et à la région sternale, il n'y avait pas de traces de pellagre. M. Panceri prescrivit une application de sangsues aux apophyses mastoïdes, qui procura quelque soulagement. Le 23, la chaleur de la gorge n'existait plus ; le ventre était douloureux à la pression ; il y avait plusieurs selles par jour. Les père et mère n'étaient point pellagreux; les cinq sœurs ne présentaient aucun symptôme de cette maladie. Cette femme demeurait près de Monza, dans une position très-salubre. Lors de son entrée, elle éprouvait une assez vive douleur le long de la colonne vertébrale ; il y avait une faiblesse marquée dans les extrémités inférieures ; vers le commencement de juin, les douleurs étaient dissipées, la station avait lieu sans difficulté ; l'air de tristesse avait disparu ; l'épiderme des mains et des pieds se détachait par squames. De temps en temps la malade voyait les objets doubles. Pendant les dix jours qu'elle resta encore à l'hôpital, elle continua l'usage de la décoction de tamarin ; lorsqu'elle sortit, elle était mieux, mais, suivant toutes les apparences, le mal reparaîtra l'année prochaine.

Dans les exemples suivans, nous décrirons le désordre de l'intelligence, en signalant les variétés les plus ordinaires de la folie.

OBS. 5. *Deuxième degré ; trouble des facultés intellectuelles.* — Le 16 avril 1830, une femme entra dans les salles du docteur Panceri, pour y recevoir les soins qu'exigeait l'état avancé de la maladie. Cette femme, parvenue à sa vingt-cinquième année, avait déjà eu six fois la pellagre; néanmoins elle avait pu continuer ses travaux, et elle n'avait été obligée de garder le lit que l'année précédente. Dans le courant de 1830, les accidens se montrèrent avec plus de force; l'affection cutanée fit de rapides progrès, les symptômes cérébraux et abdominaux vinrent compliquer le mal. Ce fut dans cet état que la malade fut transportée à l'hôpital de Milan. Lorsque je la vis, le 18 mai, elle présentait les symptômes suivans : peau du corps rugueuse, âpre et desséchée, régions sternale et mentonnière siéges d'une desquamation récente, avant-bras et mains d'une couleur brunâtre et paraissant comme recouverts d'un gant. Examinée à la loupe, l'altération se montrait sous la forme d'une multitude de petites écailles qui ressemblaient assez bien à l'affection décrite sous le nom d'ichthyose. Dans plusieurs points les écailles pouvaient s'enlever, et le tissu sous-jacent était blanc et sec. Depuis plusieurs jours la malade était en proie au délire : elle se croyait religieuse, prêtre; elle parlait de la messe, voulait se confesser, disait qu'elle avait offensé le Seigneur, qu'elle serait damnée, pleurait et

gémissait sur son sort. L'année précédente elle avait eu des symptômes d'aliénation mentale analogues; sa physionomie exprimait le chagrin et l'angoisse; les traits étaient concentrés. Les signes fournis par l'exploration de la langue et de l'abdomen dénotaient une irritation des voies digestives; la langue était rouge et légèrement sèche, l'estomac et surtout l'abdomen, sensibles à la pression; la malade allait six fois par jour à la garde-robe. Une application de sangsues et la décoction de tamarin furent prescrites. La malade resta plusieurs jours dans cet état; peu à peu les accidens cérébraux se calmèrent, et la malade put répondre aux questions qu'on lui adressait. Elle accusait une douleur sourde dans la moelle épinière; elle se plaignait, en outre, de ne pouvoir se soutenir sur ses jambes; comme la plupart des pellagreux, elle disait que la gorge lui brûlait (*mi abbrucia la gola*). Le 23 mai, le délire n'existait plus, la diarrhée était légère, la langue moins rouge, il n'y avait point de soif. Le 1ᵉʳ juin, le docteur Panceri ordonna des bains; ils furent continués jusque vers le milieu du mois; sous l'influence de cet agent thérapeutique, la desquamation se fit rapidement, la peau se nettoya, s'assouplit; les symptômes gastriques s'améliorèrent. Lorsque je cessai de voir la malade, elle était encore faible sur ses jambes, se renversait un peu en arrière, et conservait quelque chose de mélancolique dans l'expression du visage; la pellagre n'avait laissé que fort peu de traces.

OBS. 6. *Troisième degré, délire religieux.* — L'espèce d'aliénation mentale qu'on observe le plus fréquemment dans la pellagre, est la monomanie religieuse. Cette variété de la folie n'a rien de surprenant, la religion faisant la base de l'éducation des Italiens, qui la sucent, pour ainsi dire, avec le lait. Toute cause qui produit le désordre de l'intelligence, doit réveiller dans la tête de l'aliéné la série d'idées avec laquelle son cerveau est le plus souvent en contact. C'est un fait que nous aurons occasion de signaler, lorsque nous parlerons, dans un prochain Mémoire, du régime des établissemens consacrés au traitement de la folie (1). A l'appui de l'opinion que nous émettons sur la fréquence du délire religieux, nous citerons les deux exemples suivans : Le 23 mai 1830, une femme âgée de vingt-trois ans, employée aux travaux de la campagne, entra à l'hôpital pour y être traitée

(1) *Des Établissemens d'Aliénés en Italie;* par le docteur Brierre de Boismont. Paris, 1832.

de la pellagre, dont elle était atteinte depuis plusieurs années. La constitution de cette femme révélait de longues souffrances. Elle avait beaucoup maigri. Les traits étaient effilés, la peau terreuse, l'air triste et mélancolique. Depuis quinze jours, sa raison était égarée, elle marmottait continuellement, joignait les mains, levait les mains au ciel, murmurait des prières, s'accusait de ses péchés, demandait des prêtres. La rougeur de la conjonctive et la douleur de la tête indiquaient d'ailleurs bien évidemment des symptômes de congestion cérébrale. L'épiderme de la face dorsale des doigts et de la région médio-carpienne était épais, d'un brun tirant légèrement sur le noir, profondément sillonné; aux avant-bras il se détachait par petites squames. A la région dorsale des pieds, l'altération était moins prononcée, l'épiderme était brunâtre et sillonné. Le père et la mère de cette femme étaient morts de la pellagre; sa sœur offrait des symptômes de la même maladie. Le pays était pauvre, mais l'air y était excellent. Pendant plusieurs jours le délire fit des progrès, la malade parlait sans cesse de prêtres, de péchés, de la divinité. Elle était très-agitée. Son air était inquiet, morne, exprimait une tristesse profonde; elle annonçait un très-grand dégoût de la vie. M. Panceri prescrivit la décoction de tamarin, et l'extrait de jusquiame, qui fut porté d'un grain à quatre. L'aliénation mentale augmentant, et le délire se manifestant sous une forme très-bruyante, on la transféra dans la salle des délirantes.

Obs. 7. *Troisième degré; délire religieux.* — Une femme d'environ trente-sept ans, pellagreuse, entra, le 24 avril 1830, à l'hôpital de Milan, où elle fut couchée dans une des salles de M. le docteur Panceri. Sa maladie était ancienne; mais, dans les premières années, la pellagre disparaissait tous les hivers; elle n'avait commencé à affecter profondément le système cutané qu'en 1828, et, depuis cette époque, elle avait constamment existé, perdant un peu de son intensité en hiver. Lors de son entrée à l'hôpital, la malade était dans un état de marasme très-avancé; la langue était rouge, le pouls fébrile, la soif vive, le dévoiement considérable, les traits effilés; la physionomie annonçait la caducité. L'altération de la peau avait son siége aux avant-bras, aux mains, aux doigts, au sternum et aux pieds. Aux deux premières régions, la peau, d'une coloration brunâtre, se détachait par squames légères, laissant le tissu sous-jacent, ou d'un rouge luisant, ou d'un blanc mat; autour des doigts, elle formait une enveloppe brunâtre, parcheminée, continue. Au dos du pied, la peau était hâlée, sèche et rugueuse. Le sternum offrait une coloration jaunâtre. Cette malade présentait les symptômes de la monomanie religieuse à un haut degré; elle se croyait poursuivie par la vengeance divine, pour les crimes qu'elle avait commis; on la voyait tour à tour effrayée et désespérée; elle appelait les prêtres à son secours, demandait pardon à Dieu de ses égaremens, implorait sa protection ou son assistance; ou bien elle se croyait perdue sans ressource, disait qu'il n'y avait point de miséricorde pour elle, que ses iniquités avaient dépassé toute mesure, et que son sort était fixé; sa situation faisait craindre qu'elle n'attentât à ses jours. Son aspect était sombre, elle évitait les regards, fuyait les conversations; mais, lorsqu'on lui adressait directement la parole, elle répondait juste aux questions étrangères à sa folie. Nous apprîmes que, déjà, cette femme avait eu antérieurement des symptômes de délire; qu'il cessait surtout pendant les froids. On ne put nous donner des renseignemens exacts sur sa nature. Pendant les deux mois que la malade resta dans le service de M. Panceri, il y eut peu de changement, seulement le désordre des facultés intellectuelles était diminué, et l'altération de la peau moins considérable. Elle fut ensuite transférée dans la division des chroniques.

La manie s'observe aussi dans la pellagre. M. le docteur Panceri fils nous a montré, dans la salle des délirans, un homme d'une quarantaine d'années, chez lequel cette maladie avait déterminé une manie des plus violentes. On fut obligé de l'attacher; il était furieux, et voulait tout briser. Trois ou quatre saignées copieuses, plusieurs applications de sangsues, et des boissons laxatives, calmèrent en peu de temps son transport. Lorsque je le revis, huit jours après, dans la division des pellagreux, il avait recouvré la raison. J'ai remarqué dans la salle où était cet homme, plusieurs autres maniaques, assez vivement agités, qui n'avaient également présenté cette complication qu'après être devenus pellagreux. MM. Piantanida et Panceri ont observé plusieurs fois cette variété de la folie; mais il est constant, d'après mes relevés et les renseignemens qui m'ont été donnés par les médecins qui s'occupent spécialement d'aliénation, que la monomanie religieuse est la plus commune. Je regrette de ne pas avoir pu profiter de l'expérience de M. Calvetti, qui a traduit les articles de M. Esquirol ; je me serais fait un honneur de citer ce respectable praticien.

La démence et l'imbécillité sont fort communes parmi les individus affectés de pellagre; mais elles doivent être considérés comme un dénouement de cette grave altération. En effet, la plupart des pellagreux de la Sénabre, un grand nombre de ceux des hôpitaux de Brescia et de Venise, parvenus au dernier degré de la maladie, présentent des symptômes de démence ; mais, au milieu de l'incohérence des idées, de l'impossibilité de juger, on distingue souvent encore des souvenirs fugitifs de religion. Citons un fait à l'appui de cette remarque.

OBS. 8. *Troisième degré; délire religieux, commencement de démence.* — Le 9 juin 1830, une femme âgée de quarante ans, employée aux travaux de la campagne, entra à l'hôpital, présentant les symptômes de la pellagre confirmée. Elle avait la physionomie triste, l'air souffrant, abattu, et avait beaucoup maigri. Elle portait un goître d'un volume considérable. L'altération de la peau était fort remarquable : à la partie antérieure du cou, sur le goître, elle avait une coloration jaune foncé, comme lorsqu'elle est brûlée par le soleil; elle faisait éprouver au doigt la sensation d'une feuille de papier brouillard; au-devant du sternum, l'épiderme avait subi la même transformation, et la sensation était analogue. Aux bras, une ligne diagonale établissait la séparation des parties saines et des parties malades; la peau altérée de cette région, celle des avant-bras, des mains et des doigts, avait pris une teinte rouge brune; aux doigts, elle avait une coloration plus foncée, plus uniforme, une consistance plus grande. Dans quelques points, l'épiderme était plus brunâtre, sillonné, même fendillé, et présentant des fissures, des crevasses; dans plusieurs autres, il se détachait par squames; le tissu sous-jacent était rouge, sec et luisant. Les jambes, et particulièrement le dos des pieds, étaient envahis par cette altération; mais dans ces régions, l'épiderme altéré tombait sous forme de desquamation furfuracée. Cette femme, née de parents pellagreux, malade depuis long-temps, ne répondait qu'avec lenteur et difficulté aux questions qu'on lui adressait; elle avait de la peine à comprendre ce qu'on lui disait, parlait de toute autre chose, passait d'un objet à un autre sans liaison, sans rapport avec le précédent; sa physionomie exprimait l'inattention et l'irréflexion; mais au milieu du désordre de ses idées, on l'entendait quelquefois parler de la divinité, demander des prêtres. La maigreur du sujet, la sécheresse de la peau, la petitesse du pouls, la rougeur de la langue, la soif, la diarrhée, dénotaient une irritation intestinale. La malade éprouvait, en outre, de la difficulté à se tenir sur ses jambes; elle se plaignait d'une espèce d'opisthotonos, dont le point de départ était dans la moelle épinière. La maladie de cette femme ne présentait aucune chance de succès; on se contenta de prescrire la décoction de tamarin, et de lui donner une meilleure nourriture que celle qu'elle prenait habituellement. Dans les premiers jours de juillet, les symptômes gastriques avaient beaucoup diminué, la diarrhée continuait à un moindre degré, l'épiderme, altéré, s'était détaché, la peau avait presque repris sa couleur naturelle; mais elle était âpre, sèche, rude; le désordre de l'intelligence était resté stationnaire : on pouvait prévoir qu'il finirait par la démence la plus complète.

Dans les exemples précédens, nous avons constaté les lésions les plus ordinaires du système cutané; l'observation suivante va nous fournir un fait en faveur de ceux qui ont comparé la pellagre à la lèpre ancienne et à l'éléphantiasis.

Dans les premiers jours de juin, M. Panceri me fit voir une femme pellagreuse parvenue au dernier degré de marasme, qui était plongée dans un abattement profond. La face amaigrie, d'un jaune clair, les traits effilés, les saillies osseuses fortement prononcées, annonçaient une maladie ancienne des voies digestives, aussi était-elle en proie à une diarrhée abondante; mais l'altération remarquable était celle de la peau. Elle commençait aux bras, quatre pouces au-dessus de l'articulation huméro-cubitale, séparée des parties saines par la ligne diagonale que nous avons déjà signalée; elle se continuait sur les avant-bras, les mains et les doigts. L'épiderme était converti en squames d'un brun foncé, épaisses, très-marquées sur le dos des mains; sur les doigts, l'épiderme, encore plus épaissi, simulait ces tubercules cornés qu'on rencontre sur le dos de certains poissons. Il était généralement coupé de lignes qui le croisaient en tous sens, et qui le divisaient en autant de petits tubercules rudes, âpres au toucher, ressemblant assez bien à ceux de l'éléphantiasis. L'épiderme des pieds était brunâtre, mais peu épaissi; on remarquait, en outre, des symptômes d'affection typhoïde.

La maladie qui fait le sujet de ce Mémoire, n'est point particulière aux adultes : on la rencontre aussi dans l'âge tendre. Nous choisirons, entre plusieurs faits, les deux suivans : Un enfant de six ans, orphelin, fut amené dans les salles du docteur Calderini, présentant des symptômes de rachitisme et de pellagre. Il avait beaucoup maigri, son ventre était volumineux, dur, peu douloureux, la diarrhée abondante. Ce petit malade était pellagreux depuis son enfance. L'altération occupait la partie antérieure des mains, les avant-bras, les joues et le front; dans ces régions, l'épiderme, desséché, coloré en jaune plus ou moins foncé, luisant dans plusieurs points, n'offrait point de traces de desquamation. Des bains, des soins de propreté, une bonne nourriture, produisirent un changement favorable, et il put être rendu aux personnes qui le réclamèrent, sinon guéri, du moins dans un état plus satisfaisant qu'à son entrée.

Un autre enfant de sept ans, né à Milan, de parens sains, qui n'avaient jamais eu la pellagre, fut envoyé en nourrice à la campagne. Il y a deux ans, la maladie se montra pour la première fois. Les jambes, les cuisses, les mains et la figure, devinrent le siége de l'exanthème. Ses parens le reprirent chez eux dès qu'ils furent informés de cet accident. On lui donna des bains, on prescrivit quelques laxatifs légers. La santé parut se rétablir. Il ne fut point cependant renvoyé à la campagne, et quoiqu'il fût ainsi soustrait aux causes qui avaient déterminé la maladie, elle reparut, en 1830, avec beaucoup d'intensité. A la figure, l'affection cutanée se montra sous forme de petites squames brunâtres, particulièrement sur les joues, au nez, au front et aux oreilles; elle occupait en outre, les bras, les avant-bras, les mains, les doigts, les cuisses, les jambes et les pieds. L'épiderme, épaissi, sec, âpre, dans tous ces points, avait une coloration grisâtre, quelquefois brunâtre; il formait autour des bras et des cuisses comme une sorte d'étui, et offrait beaucoup de ressemblance avec l'ichthyose. C'est encore une des variétés de la pellagre qui l'auront fait comparer à la lèpre par quelques auteurs. L'enfant se plaignait en outre, d'une faiblesse très-grande, qui ne lui permettait pas de se tenir sur ses jambes. Son ventre était plus gros que dans l'état normal; mais il n'était pas sensible à la pression. Le petit malade n'avait point de diarrhée, et mangeait avec appétit. Les bains qu'on lui prescrivit déterminèrent la chute de l'épiderme altéré, qui se détacha sous formes de larges squames. Quinze jours après sa réception, il rentra dans sa famille, en apparence guéri. Des renseignemens exacts nous ont appris que la nourrice avait des symptômes de pellagre, et que cet enfant vivait au milieu des causes que nous rangerons parmi celles qui ont le plus d'influence sur le développement de cette maladie.

Dans les divers faits que nous avons rapportés, nous avons décrit les périodes les plus tranchées de la pellagre, noté les individus qu'elle attaquait de préférence, appelé l'attention sur le genre de folie qu'elle déterminait; nous allons maintenant chercher dans l'ouverture des corps la nature et le siége de cette maladie.

Obs. 11. *Troisième degré; délire, mort subite.* — Le 14 juin 1830, Valla Paolo, âgé de quarante-quatre ans, fut couché dans une des salles de l'hôpital. Cet homme avait les symptômes de la pellagre depuis dix ans; mais les progrès de la maladie n'avaient été sensibles que l'année précédente. Au commencement du printemps, il s'aperçut que son mal augmentait. Lorsque nous le vîmes, les fonctions du système digestif ne se faisaient plus d'une manière normale. Il y avait des indices de phlegmasie; l'altération de la peau était très-marquée. L'épiderme des avant-bras, des mains et des doigts, était brunâtre, assez épais, fortement sillonné, quelquefois même crevassé. Sur le dos du pied, il était également épais, et présentait une coloration plus forte, une densité assez remarquable et des sillons profonds. Le système nerveux avait également souffert. Les facultés intellectuelles n'avaient plus toute leur intégrité. Le malade déraisonnait par moments, s'exaltait, mais le délire n'était point continuel. Il disait que sa tête était lourde, douloureuse; il avait des signes d'amblyopie et de dyplopie; il se tenait difficilement sur ses jambes, et sentait comme un poids qui lui tirait la tête et la colonne vertébrale en arrière. Tel était l'état de Valla, lorsque, dans la journée du 21, ayant mangé beaucoup, et avec voracité, il se sentit tout à coup étouffé, et expira malgré les secours qu'on lui administra, et malgré même l'opération de la trachéotomie, qu'on pratiqua en désespoir de cause.

Le 23 juin, à une heure, l'*autopsie* eut lieu en présence de MM. Panceri fils et de plusieurs autres médecins de l'hôpital (1). Le sujet avait peu maigri. On voyait sur les mains et les pieds les traces de l'altération de l'épiderme. J'enlevai la face dorsale du pied droit, pour la porter en France. Ce fragment s'est parfaitement conservé. La voûte du crâne ayant été détachée, on trouva que les os étaient épais, et que l'arachnoïde adhérait dans plusieurs points à la substance cérébrale. La pie-mère des circonvolutions était infiltrée d'une matière gélatineuse; dans quelques endroits elle avait une couleur opaline. Les membranes étaient généralement injectées; la consistance du cerveau n'avait rien de particulier, la substance blanche était légèrement sablée; il n'y avait pas de sérosité dans les ventricules; une assez grande quantité de sang était amassée à la base du crâne. Avant d'ouvrir la moelle épinière, nous remarquâmes un vaste épanchement sanguin intermusculaire, qui avait son siége entre les dernières apophyses cervicales et les premières dorsales. Les membranes de la moelle, et surtout l'arachnoïde, étaient uniformément rouges; vers le tiers inférieur de la moelle on apercevait dans les

(1) Toutes les autopsies ont été faites par moi, avec le soin qu'exigeaient ces recherches, les agens supérieurs de l'autorité m'en ayant facilité les moyens.

mailles du tissu une sérosité spumeuse; les vaisseaux étaient très-gorgés de sang. La substance grise était dure au toucher : après l'avoir incisée dans le sens de la longueur, on trouva la substance blanche réduite en une espèce de bouillie; cette altération morbide était plus prononcée dans la partie supérieure; en râclant avec le dos du scalpel, on l'enlevait avec facilité. La trachée-artère était obstruée par un peu de sang qui provenait de la trachéotomie; les poumons contenaient une assez grande quantité de ce fluide, mais il n'y avait point de symptômes d'altération; l'estomac était très-distendu, rempli d'alimens, et rouge dans tous les sens. Les gros vaisseaux, surtout vers le grand cul-de-sac, avaient une coloration brune. La membrane muqueuse, très-molle, s'enlevait avec l'ongle. Les valvules du duodénum étaient rouges. On remarquait quelques vers lombrics dans les intestins grêles; ils étaient en plus grand nombre dans les gros intestins. Tous les autres viscères étaient sains.

Obs. 12. *Troisième degré; léger typhus, délire, mort subite, autopsie.* — Une femme d'environ soixante-six ans, fut reçue en 1830 au grand hôpital de Milan, et placée dans une des salles de M. Calderini : cette malade, atteinte d'un dévoiement assez considérable, conservait de l'embonpoint ; sa langue était rouge, son pouls petit, l'estomac et le ventre n'étaient point sensibles à la pression. Quelques jours avant la mort, il se manifesta des symptômes de typhus ; le délire était général, sans idées religieuses. La peau portait encore la trace d'une ancienne affection pellagreuse, mais le séjour de la malade à l'hôpital et la cessation des travaux à la campagne l'avaient beaucoup modifiée : elle consistait en une faible coloration et en un léger épaississement de l'épiderme. La partie antérieure du sternum et la région dorsale des pieds étaient presque revenus à l'état normal.

Cette femme ayant succombé par suite de l'affection typhoïde, le 26 mai de la même année, j'en fis l'ouverture le 27 en présence de MM. Calderini, Panceri, etc., etc.

Les tissus cellulaire et adipeux ont peu maigri. *Tête :* il s'écoule une assez grande quantité de sang à la section de la voûte osseuse ; point d'adhérence de la dure-mère : point d'épaississement ni d'opacité de l'arachnoïde, mais rougeur considérable de cette membrane et de la pie-mère; consistance ferme du cerveau ; substance blanche injectée ; ventricule ne contenant point de sérosité. *Moelle épinière* : membranes rouges, généralement injectées ; substance grise dure et résistant au toucher ; queue de la moelle allongée consistante ; mais, à partir de ce lieu, la substance blanche est ramollie dans une grande partie de son étendue, et comme crêmeuse dans plusieurs points. *Thorax :* poumons sans adhérences, sains ; cavité gauche du cœur un peu dilatée. *Abdomen :* foie peu gorgé de sang ; rate dans l'état ordinaire ; reins et matrice n'offrant rien de remarquable. *Estomac* distendu, très-rouge dans la portion du grand cul-de-sac, et parcouru dans cet endroit par des veines diversement colorées. *Duodénum* sain. *Intestin grêle* contenant, comme dans le cas précédent, quelques vers lombrics, et présentant, à environ trois pieds de son origine, des ulcérations irrégulières d'un gris ardoisé, à bords élevés, ayant pour limite le tissu cellulaire sous-jacent. Ces ulcérations existent dans presque tout le reste de l'intestin, mais à des distances assez grandes ; l'intervalle qui se trouve entre les parties malades n'est pas altéré ; dans quelques points seulement les ulcérations ont les bords rouges, et des parties voisines partent des vaisseaux qui viennent y aboutir ; la coloration de la muqueuse est partout blanche. A l'origine de l'intestin cœcum, tous les tissus jusqu'à la séreuse sont détruits dans une étendue de deux à trois pouces ; les ulcérations sont à bords peu élevés, nombreuses, se confondant plusieurs ensemble. Autour des ulcérations, la muqueuse a pris une coloration brunâtre; le tissu cellulaire sous-jacent et le tissu musculaire sont un peu hypertrophiés ; il y a dans cette partie de l'intestin grêle quelques vers lombrics; dans toute l'étendue du colon il n'y a point de trace d'iuflammation.

Obs. 13. *Troisième degré; entérite, mort, autopsie.* — Le 7 avril 1830, la nommée Gonfalonieri, âgée de soixante ans, travaillant à la campagne, entra dans le grand hôpital de Milan, présentant des symptômes d'entérite et de pellagre. La maladie dont cette femme était atteinte remontait à une époque reculée, et il était même difficile de préciser d'une manière rigoureuse le temps où elle avait commencé, parce que les gens de campagne sont si familiarisés avec ce genre d'affection, qu'ils ne réclament les secours de la médecine que pour une autre maladie, ou quand elle a fait de tels progrès qu'il n'est plus possible d'y remédier. Lorsque j'examinai la malade, tout annonçait une issue funeste: la langue était rouge et sèche, le pouls filiforme, la diarrhée considérable et ancienne, les traits effilés, les membres et le corps infiltrés. L'altération de la peau n'était pas très-prononcée; ce n'était plus la coloration brunâtre, la sécheresse et l'épaississement que présente ordinairement l'épiderme, mais une simple desquamation furfuracée. Peut-être faut-il attribuer cette différence à l'éloignement où cette femme s'était trouvée pendant l'année, des causes qui favorisent le développement de de l'affection cutanée. Le 22, la malade était dans le plus grand état de faiblesse et de prostration; elle s'éteignit presque sans agonie dans la journée.

Ouverture le 24, trente-six heures après la mort, par une température froide: maigreur extrême du corps, infiltration des mains et surtout des jambes. *Thorax*: sérosité dans les plèvres; adhérence du poumon gauche dans l'étendue de deux à trois pouces; crépitation presque générale, excepté dans la partie postérieure, où il y a un peu d'engouement; le ventricule gauche est hypertrophié, mais sans obstacle au cours du sang; sérosité dans le péricarde. *Abdomen*: le foie est gorgé de sang, mais de consistance ordinaire; la rate contient également beaucoup de sang. Il y a peu de sérosité dans l'abdomen; l'estomac est distendu par une matière jaunâtre provenant de débris d'alimens et de médicamens; lavé, il présente dans toute son étendue les traces d'une inflammation chronique; vers le grand cul-de-sac, il est parcouru par de nombreux vaisseaux brunâtres; dans les autres points, la coloration est d'un rouge brun tirant parfois sur le gris; la muqueuse dans quelques endroits est épaissie, mais sans ramollissement; les valvules du duodénum sont rouges, ainsi que la plus grande partie de l'intestin grêle. Au commencement de cet intestin, on trouve trois vers lombrics. Le cœcum offre une dilatation assez grande; la muqueuse, d'un rouge-brun, est hypertrophiée, non ramollie; il n'y a point d'altération dans le reste des intestins. *Tête :* la dure-mère, dans plusieurs points de la superficie, a contracté des adhérences avec l'arachnoïde; celle-ci est épaissie dans presque toute la partie supérieure, et surtout vers le sommet; elle est nacrée, opaline, mais sans infiltration de matière gélatiniforme; sous le doigt, elle offre une consistance forte et un épaississement notable; la pie-mère est rouge et parcourue par un grand nombre de vaisseaux; les circonvolutions sont bien distinctes; la densité du cerveau a augmenté; la substance blanche est pointillée; les artères basilaires sont ossifiées dans plusieurs points. *Moelle épinière :* on procède à son ouverture avec beaucoup de soin; la dure-mère se détache facilement, l'arachnoïde ne présente rien de particulier; les vaisseaux de la pie-mère sont plus apparens que de coutume, la substance corticale est dans l'état normal au toucher; incisée dans toute sa longueur, la moelle présente une altération fort remarquable : la substance blanche est ramollie et convertie en une espèce de crême; la lésion existe dans toute la longueur de la moelle; la couleur est un peu moins blanche que dans l'état naturel, elle se rapproche de celle du cerveau, lorsqu'il est infiltré de pus : en râclant, on l'enlève avec la plus grande facilité. La structure de l'organe ne peut plus être distinguée. — Aux trois ouvertures précédentes nous aurions joint le résultat des deux autres, si les feuilles d'observation n'avaient point été perdues pendant notre voyage; ne pouvant reproduire les faits du Mémoire, dans la crainte d'être inexact, nous nous bornerons à affirmer que les lésions anatomiques étaient absolument semblables à celles que nous venons de constater.

CONSIDÉRATIONS GÉNÉRALES.

Les généralités dans lesquelles nous allons maintenant entrer, déduites en grande partie des histoires que l'on vient de lire, se rattachent en outre à l'observation de plusieurs centaines de malades qui suivent chaque année le traitement prescrit par l'administration, aux faits que nous avons recueillis en 1822, 1829 et 1830, dans les autres hôpitaux, et en particulier dans celui de la Sénabre, et aux conversations de MM. Rasori, Piantenida, Panceri père et fils, Sacco, Omodei, et de plusieurs autres praticiens distingués de Milan.

Presque tous les auteurs qui ont écrit sur la pellagre ont assigné trois époques principales à cette maladie. Il serait contraire à l'expérience d'admettre qu'elle les parcourt dans tous les cas; mais il y aurait aussi erreur à ne pas reconnaître qu'elle se montre habituellement sous cette forme. Nous suivrons donc la marche adoptée, et nous diviserons l'étude des symptômes en trois périodes.

Si l'on observe les individus qui sont atteints pour la première fois de la pellagre, on remarque qu'ils éprouvent une lassitude générale, qu'ils ont du dégoût pour les alimens, de l'inappétence, de l'anorexie, souvent des nausées, quelquefois des vomissemens; les digestions deviennent difficiles, la langue est blanchâtre, jaunâtre, rouge sur toute sa surface ou sur ses bords et à sa pointe; l'estomac et le ventre sont sensibles à la pression; il y a de la soif; beaucoup sont fatigués par le plus léger travail; d'autres ont des vertiges, des douleurs de tête, sont tristes, moroses. Chez ceux que nous avons examinés, le pouls était fréquent. Les malades se plaignent aussi d'un sentiment d'ardeur qui occupe la tête et l'épine du dos, d'où il se propage dans le reste du corps, pour se fixer principalement à la plante des pieds. Après un temps plus ou moins long, et qui peut être très-court, surviennent les symptômes cutanés; ils apparaissent presque toujours en mars, avril, et cessent en juin, juillet, août et septembre. Quelquefois ils débutent en février. La peau des mains, des bras, des jambes, des pieds, du sternum, des joues, du front, des oreilles, des seins et des aisselles, mais plus spécialement celle des extrémités et de la partie antérieure de la poitrine, est d'abord chaude, brûlante et comme distendue; elle devient ensuite le siége d'un érythème plus ou moins uniforme, que les médecins italiens ont nommé érythème solaire, parce qu'il n'y a que les parties exposées au soleil qui en soient affectées (1), et dont la couleur varie du rouge vif au rouge plus ou moins foncé; aux doigts surtout, cette teinte est plus prononcée, et tire parfois sur le brun. L'éruption peut se montrer par macules, par taches rondes; dans d'autres cas elle est pointillée; peu à peu elle s'affaiblit, et est remplacée par de petites écailles blanchâtres, par une desquamation légère, qui manque dans certains cas. L'épiderme détaché, il ne reste plus qu'un peu de sécheresse à la peau. A l'automne, les malades semblent entièrement rétablis. Au printemps prochain, on voit reparaître les symptômes déjà indiqués, la fatigue est plus forte, le pellagreux éprouve un dégoût extrême pour toutes les occupations; il a des pesanteurs, des douleurs de tête; tantôt ce sont des élancemens, des coups de marteau, un poids qui porte l'organe en avant ou en arrière; tantôt ce sont des étourdissemens, des éblouissemens, ce que les malades expriment en disant

---

(1) Cerri parle d'un individu appelé Lingi Garbagnati, admis, en 1809, à l'hôpital Saint-Ambroise. Chez cet homme, la peau se séparait de toutes les parties du corps, du dos, du ventre, des bras, des cuisses, des jambes, et surtout des régions sur lesquelles il s'appuyait en dormant. Le même phénomène avait lieu à la paume des mains et sous la plante des pieds : on l'observa pendant plus d'une année.

que la tête leur tourne. La moelle épinière est douloureuse dans son trajet ; l'individu éprouve une sensation de tiraillement qui le force à se renverser en arrière, et qui peut être assez violente pour le faire tomber; les extrémités inférieures sont faibles, elles ne peuvent plus supporter le poids du corps, et la station devient impossible. La sensibilité est quelquefois généralement diminuée, les mains n'ont plus la force de serrer les objets qu'on leur présente. La vacillation et la faiblesse des jambes se remarquent aussi chez les enfans. Beaucoup de personnes voient double ; d'autres ont des signes d'amblyopie. Dans cette période, comme dans la dernière, il arrive quelquefois que la langue et la mâchoire inférieure sont agitées d'un léger tremblement. La tristesse, le chagrin, l'hypochondrie, se dessinent davantage : le délire et l'aliénation mentale marquent cette seconde époque. Si l'on examine le tube digestif, on constate que la langue est plus rouge; cette coloration a lieu quelquefois pour les gencives et l'intérieur de la bouche; le malade éprouve un sentiment de brûlure à la langue, au fond de la gorge; il a soif, désire boire, veut manger, a des appétits bizarres : le plus ordinairement cependant il a de la répugnance pour les alimens; l'estomac et l'abdomen sont douloureux à la pression; il y a de la diarrhée. Ce symptôme a été noté par tous les observateurs, et en particulier par Frapolli et Jansen. *Alvus, dit ce dernier, plerumque laxa jam ab initio morbi observatur, et per totum pellagræ decursum ejus laxitas continuari solet.* On a parlé de l'abondance de la salive, d'une sensation de salé dans la bouche : nous n'avons pas eu l'occasion de vérifier ces signes sur le grand nombre de pellagreux que nous avons examinés en Italie. Nous ferons la même remarque pour les douleurs singulières qu'on dit affecter la tête, l'épine dorsale, la plante des pieds, et pour les convulsions des membres. Nous ne contestons point la réalité de ces symptômes, mais nous les croyons rares. Quelques malades, à la vérité, ont des fourmillemens, et ressentent des douleurs dans la direction des nerfs qui se rendent aux membres inférieurs. L'altération de la peau offre des particularités curieuses; l'épiderme, d'une coloration plus foncée, prend une teinte rouge-brun, jaunâtre, brunâtre; il s'épaissit, devient sec, âpre, rugueux, sillonné, se soulève assez fréquemment en vésicules inégales, qui contiennent de la sérosité; ces vésicules ont été vues dans la première période. Aux mains, et surtout au dos des doigts, l'épaississement et la coloration sont plus marqués; dans ces deux endroits, l'épiderme est comme parcheminé. Chez plusieurs malades, la couleur de la peau a la plus grande analogie avec celle de l'oie, aussi lui a-t-on donné le nom de *peau ansérine*. Après un certain espace de temps, l'épiderme se détache sous forme de petites squames blanchâtres, jaunâtres, brunâtres, grisâtres, et le tissu sous-jacent est lisse, d'un rouge luisant ou d'un blanc sale; au toucher, il fait éprouver la sensation d'une feuille de papier brouillard. L'altération peut être uniforme, surtout au commencement; mais lorsqu'elle a fait des progrès, on observe des différences pour la coloration et l'épaississement. Il peut arriver que la lésion de la peau ne consiste que dans une simple desquamation furfuracée, un épaississement et une sécheresse. Dans quelques cas, les squames sont d'un brun jaunâtre, rudes au toucher, comme imbriquées; la maladie est presque toujours bornée à la face antérieure des bras, des jambes et du sternum; dans deux cas nous l'avons vue faire le tour des bras. L'épaississement de l'épiderme n'est pas partout le même; il est beaucoup plus marqué sur les régions dorsales des mains, des doigts et des pieds, que dans les autres parties. Chez quelques individus, et particulièrement chez les enfans, l'épiderme altéré de la figure a quelque ressemblance avec les éphélides (*ptyriasis versicolor*). Dans trois cas, nous avons vu la pellagre occuper le pourtour des yeux, le nez, les tempes, les joues, les oreilles et le front. Lorsque les malades ont séjourné quelque temps dans l'hôpital, les symptômes cutanés cessent presqu'entièrement ; la sécheresse, la coloration plus foncée et l'augmentation de densité, indiquent seule que la peau a été lésée. En juin, juillet et août, tout paraît rentré dans l'ordre, et les malades peuvent retourner à leurs travaux. Il ne faut pas croire cependant que la guérison soit complète ; car si on examine avec soin ces individus après la disparition des symptômes cutanés, on trouve des vertiges, de l'affection ; les uns conservent de la faiblesse dans les jambes, les autres ont des étourdissemens, des éblouissemens, etc. Aussi peut-on assurer d'avance que la plupart seront de nouveau atteints par la maladie. Faisons toutefois remarquer qu'il est des pellagreux (et le nombre en est encore assez considérable) qui, par un heureux concours de circonstances, voient souvent le commencement du second degré rester stationnaire pendant une longue suite d'années. C'est ainsi que nous avons remarqué, au grand hôpital de Milan, des individus qui étaient pellagreux depuis dix, quinze, dix-huit et même quarante-cinq ans. Doivent-ils ce privilége à une organisation plus forte, à des privations moins grandes? nous le présumons, mais nous ne possédons pas sur ce sujet de données assez positives pour établir notre opinion.

Si la seconde période offre peu de chances de succès, il est cependant des faits qui démontrent jusqu'à l'évidence, qu'à cette époque même les pellagreux soustraits aux causes qui déterminent la maladie, peuvent encore revenir à la santé. Citons quelques exemples.

Un homme âgé de quarante-un ans, né de parens pellagreux, présenta dès l'enfance des symptômes de ce mal funeste. Atteint par la conscription, il servit quinze ans en Hongrie, en France et en Allemagne. Pendant tout ce laps de temps, malgré les fatigues inséparables de la vie de soldat, il ne se ressentit en aucune manière de son ancienne maladie. A sa sortie du service militaire, il revint dans son pays, et sept années s'écoulèrent sans le plus léger symptôme de pellagre. Il y a trois ans, la maladie reparut, comme si elle eût attendu que l'organisation de cet homme se fût retrempée dans les sources du mal. Depuis ce moment, elle s'est montrée chaque année. Aujourd'hui, 16 juin, le sujet présente encore quelques traces de desquamation; l'épiderme altéré est d'un brun foncé; il a des vertiges, voit les objets doubles, sa langue est rouge, son ventre douloureux, les extrémités inférieures sont faibles. M. Panceri fils, dans le service duquel cet homme est placé, m'en a fait voir un autre qui est dans le même cas, et il m'a assuré qu'il avait observé plusieurs faits de ce genre. M. le professeur Rasori m'a raconté qu'il a eu à son service deux domestiques en apparence fort bien portans, mais qui chaque année, au printemps, avaient des symptômes d'hypochondrie : cette remarque ayant éveillé son attention, il les interrogea, et apprit d'eux qu'ils avaient eu la pellagre, et que leurs parens en étaient atteints. Depuis qu'ils n'habitaient plus la campagne, il y avait eu une amélioration évidente dans leur état. Le médecin chargé de la division des femmes nous a cité l'exemple d'une femme pellagreuse dès l'enfance, qui, étant venue à Milan, entra au grand hôpital comme infirmière, et vit cesser sa maladie par le changement de sa position ; obligée de retourner dans son pays, tous les symptômes se sont reproduits. Dans ce même service, nous avons observé une pellagreuse malade depuis douze ans, qui, ayant quitté la campagne, a éprouvé un mieux sensible.

Lorsque les secours de la médecine et de l'hygiène n'ont pu triompher de la pellagre, la troisième période se déclare, et le malade est dévoué à une mort certaine. L'appareil des symptômes est souvent formidable. La face jaune, terreuse, amaigrie, les traits tirés, effilés, les saillies osseuses prononcées, l'œil enfoncé dans l'orbite, dénotent l'ancienneté du mal et l'atteinte grave qu'il a portée à l'économie ; la langue est rouge, souvent sèche, quelquefois noire ; la chaleur de la bouche est très-grande ; les malades demandent à boire ; le dégoût pour les alimens est presque général ; l'estomac et le ventre sont douloureux ; le dévoiement ne peut plus être arrêté, ou n'est suspendu que pour faire place à l'œdématie des jambes ; dans des circonstances très-rares, il se supprime ; on l'a vu cesser dès la deuxième période ; le marasme fait des progrès effrayans, quelques malades conservent cependant de l'embonpoint ; la physionomie prend l'expression de la vieillesse ; le pouls est quelquefois plein, plus souvent petit ; les sueurs ont une fétidité particulière ; de vives douleurs se font sentir le long de la moelle épinière et dans les jambes. Les symptômes cérébraux s'exaspèrent ; les convulsions et les spasmes peuvent avoir lieu ; la paralysie des extrémités inférieures s'observe dans quelques cas ; dans le plus grand nombre, la faiblesse, et sur tout la lésion de la moelle épinière, rendent la station impossible, mais la sensibilité et le mouvement existent encore dans ces parties. Strambio a observé les signes de paralysie d'un seul côté du corps ; il a donné à ce symptôme le nom d'hémiopalgie. Le trouble des facultés intellectuelles se dessine de plus en plus, la démence et l'imbécillité en sont souvent la terminaison ; plusieurs pellagreux meurent hypochondriaques, monomaniaques, maniaques ; la peau, plus épaisse, plus sillonnée, d'aspect lichenoïde, paraît quelquefois comme couverte de petits tubercules, ou d'écailles imbriquées, circonstances qui ont fait comparer la pellagre à l'éléphantiasis et à l'ichtyose ; presque toujours l'épiderme se détache sous forme de squames épaisses, de couleurs différentes ; aux doigts, il imite une espèce de cuirasse ; il est desséché, rude, rugueux, ordinairement brun :

c'est dans cette période qu'on trouve des fissures, des crevasses, des ulcérations et quelquefois des vésicules. Nous avons vu, dans deux cas, la peau altérée, presque noire, la figure en cire que l'on conserve dans les cabinets d'anatomie pathologique de Bologne présente cette coloration à un haut degré; la dysenterie, la diarrhée, le marasme, le typhus, le scorbut, la phthisie, et d'autres altérations organiques, viennent terminer cette scène de désolation.

En faisant l'historique des symptômes qui se sont présentés le plus souvent à notre observation, nous avons glissé rapidement sur ceux de l'aliénation mentale, voulant faire de ce sujet un chapitre spécial : nous allons maintenant décrire les caractères de cette complication de la pellagre. La plupart des individus qui sont attaqués de cette maladie deviennent très-souvent, dès le début, apathiques, tristes, moroses, chagrins, taciturnes; ils ne prennent plus d'intérêt à leurs travaux, s'éloignent quelquefois de leurs maisons, de leurs compagnons, ou se montrent insensibles à leurs plaisirs, à leurs jeux; la conversation les fatigue. Chez plusieurs, les accidens de l'hypochondrie sont très-prononcés; le mal s'accroissant, le désordre de l'intelligence acquiert plus d'intensité; quelquefois il se borne à un délire aigu, mais le plus communément la folie éclate : elle roule presque exclusivement sur les objets religieux. Le malade a la physionomie sombre, abattue, exprimant l'angoisse et le désespoir; il ne veut parler à personne, fuit la société, cherche la solitude, joint les mains, marmotte des prières, lève les yeux au ciel, regarde fixement la terre, s'accuse de ses péchés, demande des prêtres, veut se confesser, se croit damné, poursuivi par la vengeance divine, implore la miséricorde céleste, chante la messe, prêche, ou bien il se croit religieux, prêtre, dieu, apôtre. La monomanie-suicide est très-fréquente à cette époque. A l'hôpital de Turin, le docteur Trompeo nous a fait voir un monomaniaque qui voulait attenter à ses jours, et chez lequel cette affection mentale avait commencé par la pellagre, qui était à sa deuxième année. Ce désir de la mort doit-il être attribué aux douleurs que le malade éprouve, à la persuasion où il est de l'incurabilité du mal? Plusieurs raisons nous engagent à le croire ; ce qu'il y a de certain, c'est que beaucoup de suicides cherchent à terminer leurs jours dans les flots, disposition qu'il faut sans doute attribuer à la chaleur et aux douleurs brûlantes qu'ils ressentent à l'intérieur. Strambio a donné à cette variété du suicide le nom d'hydromanie. Ce penchant n'est pas cependant si général qu'on ne cite des exceptions. Les auteurs ont rapporté l'histoire de plusieurs pellagreux qui s'étaient pendus ou précipités du haut d'un édifice. M. Piantanida a constaté que les pellagreux étaient souvent poursuivis par l'envie de se jeter par la croisée, de se stranguler; mais un fait curieux qui a été noté avec le plus grand soin par ce praticien, et que j'ai vérifié, c'est que la plupart des fous pellagreux ont l'idée d'étrangler ou de noyer leurs enfans. Il m'a montré plusieurs individus qui étaient dans ce cas. Quelques-uns disaient qu'ils avaient voulu les soustraire à la mort; d'autres qu'ils désiraient les faire jouir du bonheur céleste avant qu'ils eussent commis aucun péché mortel. Beaucoup ne pouvaient rendre compte de ce singulier penchant. La manie s'observe assez fréquemment dans cette période. Les malades sont agités, quelquefois furieux, menaçans : on est alors obligé de les maintenir avec des camisoles de force; mais au milieu du désordre de leur raison, il n'est pas rare de voir régner les idées religieuses. Quelques écrivains ont également constaté l'existence de la démence; il est plus ordinaire de l'observer, ainsi que l'imbécillité, dans la dernière période du mal. Parcourez les établissemens publics consacrés au traitement de la folie, et vous verrez le plus grand nombre des malades répondre sans suite aux questions que vous leur adressez, ne pas vous comprendre, vous regarder d'un air stupide ou inattentif, ne faire aucun mouvement, ou bien rire, sauter, jouer comme des enfans ; si vous restez quelque temps au milieu d'eux, vous retrouvez, surtout chez les femmes, des traces des idées religieuses. Dans cette dernière période, le désir du suicide est encore fréquent. La proportion des individus atteints de la folie pellagreuse est considérable. A l'hôpital de la Sénabre, où il y a environ cinq cents aliénés, le nombre en est presque constamment des deux tiers. Ce résultat avait déjà été publié par Holland ; mais comme il a été nié par Strambio, les égards dus à cet observateur distingué nous ont engagé à le vérifier de nouveau. Aidé dans nos recherches par M. Piantanida, nous avons reconnu qu'il peut être limité à la moitié, mais que le plus souvent il s'élève jusqu'aux deux tiers. M. Panceri, qui a été médecin de la Sénabre, m'a confirmé le même fait. Sacco professe cette opinion. Il est donc hors de doute que Strambio a été induit en erreur. Quant à l'opinion de Cerri, elle est évidemment fausse, et ne peut avoir été écrite que sous l'influence de quelque idée préconçue; comment, en effet, ce médecin a-t-il pu dire que sur cent pellagreux, il y en avait à peine un qui devînt fou, et sur cent délirans, tout au plus un ou deux qui cherchassent à se détruire? Dans le seul hôpital de Milan, qui ne contient qu'accidentellement des fous pellagreux, ce nombre est déjà assez élevé.

Mais pour qu'il ne reste aucun doute sur ce fait, je vais faire connaître le résultat de mes relevés dans les autres hôpitaux. A Brescia, où il y a quatre-vingts aliénés, le docteur Cocchi et le gardien m'ont dit que le nombre des pellagreux était d'un tiers environ; à Vérone, il est peu considérable, mais ce résultat tient à ce que les aliénés sont dirigés vers l'établissement de Venise. Dans cette dernière ville, il y a deux maisons, l'hôpital civil, où sont renfermés, dans une division séparée, les fous chroniques, et San Servolo, où l'on envoie les aliénés curables. M. Franceschini, médecin de la première maison, m'a positivement assuré que, sur les quatre cents individus qui y étaient habituellement rassemblés, un tiers était pellagreux, et que chez tous il finissait par se manifester un penchant au suicide. La proportion est plus faible pour les femmes que pour les hommes. A l'hôpital de Sant'Orsola, à Bologne, le docteur Gualandi m'a fait voir plusieurs aliénés pellagreux. Enfin, le docteur Bruni, qui dirige avec zèle et succès l'hôpital de San Bonifazio, à Florence, m'a dit qu'il avait observé que la pellagre produisait souvent l'aliénation mentale, que les cas en étaient nombreux et incurables. Ces faits, qui sont affirmés par des hommes convenablement placés pour voir, ne peuvent donc laisser aucun doute sur le grand nombre de fous pellagreux, et suffisent pour réfuter victorieusement les objections que quelques hommes ont élevées à ce sujet.

Tous les pellagreux qu'on interroge sur le lieu de leur demeure, répondent qu'ils habitent la campagne, qu'ils travaillent à la terre (1); ces données, jointes au siége apparent de l'affection, ont suffi à plusieurs auteurs, et entre autres à Frapolli et à Griva, pour établir que la pellagre était une maladie déterminée par l'ac-

---

(1) Strambio et M. Panceri fils ont observé, à la vérité, des pellagreux en ville, mais ils n'ont pas recherché s'ils avaient habité la campagne, ou si leurs parens en étaient originaires. Le second a fait la remarque que ces pellagreux sont généralement des buveurs.

tion du soleil. Si ces auteurs s'étaient bornés à dire que les symptômes cutanés sont favorisés par cet agent, nul ne les aurait contredits; mais en faisant de la peau le siége primitif du mal, ils ont été induits en erreur. L'altération de l'épiderme n'est réellement qu'un phénomène consécutif, qu'on peut produire ou faire cesser à volonté, en exposant les parties au soleil ou en les soustrayant à son influence ; d'ailleurs, si elle était primitive, comment se ferait-il qu'à la disparition de l'éruption les autres désordres ne cessassent pas ? et c'est ce qui arrive fréquemment dans plusieurs cas. La maladie existe indépendamment de l'affection cutanée, et l'intensité de la desquamation ne correspond pas toujours à l'intensité du mal interne. La description des symptômes a dû d'ailleurs lever toute incertitude à cet égard ; c'est au reste l'opinion de la majorité des médecins italiens : l'étude des causes et des lésions anatomiques montrera la vérité dans tout son jour. Visitez les campagnes du Milanais, vous remarquerez d'abord des lieux souvent bien exposés, des maisons, en général, propres à l'extérieur, de riches moissons, des eaux pures et limpides ; mais si vous pénétrez dans l'intérieur des habitations, le tableau change aussitôt : des figures tristes, amaigries, jaunes, vous révèlent un état de gêne et de souffrance; un examen rapide annonce la privation de la plupart des choses indispensables à l'existence ; les haillons, la malpropreté, décèlent des mercenaires luttant contre toutes les nécessités de la vie, et sans intérêt pour des biens qui ne peuvent leur appartenir. Attachés à la terre qu'ils arrosent de leurs sueurs, à peine en retirent-ils de quoi satisfaire leurs maîtres, et le peu qu'il arrachent à l'avidité est employé à se procurer une nourriture grossière et des vêtemens plus grossiers encore. Du pain de qualité très-inférieure, le plus ordinairement fait avec du maïs, quelques végétaux, de l'eau, point de vin, point de viandes fraîches, voilà les alimens réparateurs qui sont offerts à des hommes que le travail accable de tout son poids. Puiseront-ils dans l'éducation et l'instruction l'énergie nécessaire pour résister à leurs maux ou pour les améliorer? mais ils n'en ont pas, ils ne peuvent en avoir, et leurs esprits, affaiblis par les privations et le despotisme, n'aperçoivent que l'effrayante perspective de la misère et de la pauvreté. Lordat, Raymond, et beaucoup d'autres, avaient déjà remarqué que les maladies endémiques sont très-souvent le triste résultat de l'oppression et de l'esclavage des peuples. Et quelle nation a été plus déchirée par les factions et les guerres, plus accablée par les exactions et les taxes, que l'Italie, et en particulier le Milanais! C'est dans l'ouvrage du célèbre Manzoni qu'il faut voir la peinture affreuse qu'il fait du sort des habitans de cette contrée au dix-septième siècle. La peste les décimait alors pour la seconde fois. Si nous remontons plus haut dans leur histoire, nous verrons qu'en 630, Rotharic, roi des Lombards, rendit une loi contre les lépreux, et qu'au huitième siècle ils passaient pour la nation chez qui la lèpre exerçait les plus grands ravages et se montrait sous les formes les plus hideuses; à cette époque aussi la misère était extrême, et le sort des serfs déplorable. La position des Milanais est-elle plus heureuse maintenant? Les impôts et les droits portés au taux le plus excessif se chargent de résoudre la question. Ignorance, oppression, pauvreté, telles sont donc les sources renaissantes auxquelles la pellagre doit son développement et son accroissement actuels. Strambio, dont l'ouvrage est rempli d'idées saines, avait déjà dit que, bien que la nourriture des paysans soit généralement mauvaise, elle ne contient cependant pas de matière particulière à laquelle on puisse attribuer avec raison la cause de cette affection. Casal, qui a écrit l'histoire des maladies cutanées des Asturies et du mal de la rosa, fait observer que le maïs est le principal aliment de ceux qui en sont atteints; mais il ajoute qu'ils n'ont presque toujours que des viandes salées ou de mauvais fruits, que leur pain est fait avec de la pâte non fermentée, et qu'ils n'ont à boire que de l'eau. Les autres causes particulières qu'on a représentées comme contribuant au développement de la pellagre, ne confirment-elles pas cette opinion? Dans l'énumération des auteurs, on voit successivement figurer le riz, le blé de Turquie (1), les eaux stagnantes, les rivières, l'humidité, les travaux excessifs, le pain de seigle mal cuit et aigre, le millet, le blé sarrazin, diverses pâtes compactes

(1) M. Panceri fils attribue à la fermentation acide du pain trop long-temps conservé, et surtout de celui fait avec le blé et beaucoup de levain, la cause de la pellagre; il dit que dans tous les endroits où il y a peu d'eau on fabrique le pain pour une semaine, quinze jours et même un mois, et il remarque que le développement de la maladie est en rapport avec la privation de l'eau, ce qu'il est facile de vérifier pour la Brianza, qui renferme beaucoup de pellagreux. Ceci est vrai pour quelques localités, mais il est d'autres lieux où les eaux sont pures et abondantes, et où cependant la pellagre est endémique. Il en est de même pour chacune des causes dont nous venons de parler; réelles pour un lieu, elles ne le sont plus pour d'autres, tandis que la misère, les privations, l'oppression, sont générales.

et autres alimens semblables d'une digestion difficile, le sel marin, la saleté excessive, enfin les eaux impures et bourbeuses. L'action répétée de chacune de ces causes, favorisée par une influence toute puissante dont nous parlerons plus tard, n'est-elle pas capable, en effet, de produire à la longue l'altération des systèmes digestif et nerveux, de troubler leurs fonctions, de les pervertir, et de porter ensuite une atteinte profonde à la constitution? C'est ce que l'anatomie pathologique achèvera de nous prouver. Déjà Gherardini, Videmar, Zanetti, Fanzago, Sartago, Della-Bona, Soler, et surtout Strambio, avaient soupçonné que les viscères du bas-ventre étaient le foyer de la pellagre; mais, dominés par les théories de l'époque, ils ne tirèrent point parti de cette idée. M. Jourdan, qui a publié dans le grand Dictionnaire un très-bon article sur cette maladie, avait émis l'opinion que la pellagre dépendait d'une réunion de circonstances propres à altérer d'une manière quelconque le système des voies digestives; il ajoutait que les ouvertures de cadavres pourraient seules en apprendre davantage, et dissiper tous les doutes sur son véritable caractère, mais qu'il fallait y apporter plus de soin qu'à celles dont Strambio, Ghirlanda et Pasquali nous ont donné les détails. Persuadé de la justesse de ses conseils et de l'importance du sujet, nous avons procédé avec la plus scrupuleuse attention, en présence de MM. Panceri père et fils, Calderini, etc., à l'autopsie de cinq individus qui ont succombé pendant notre séjour à Milan. Il résulte de nos recherches, que les organes digestifs sont toujours lésés; la membrane muqueuse de l'estomac est souvent rouge, parcourue par des vaisseaux bleuâtres ou brunâtres; molle, friable, et s'enlevant facilement avec l'ongle. La rougeur peut être bornée au grand cul-de-sac ou plus marquée dans cette région; elle est tantôt d'une couleur rouge uniforme, tantôt aussi d'un rouge-brun tirant parfois sur le gris; la muqueuse peut encore être mince; dans d'autres cas elle est plus épaisse. L'estomac est distendu; quelquefois il ne présente aucune altération, mais alors on retrouve la rougeur dans les intestins. Les valvules du duodénum participent de cette coloration, la muqueuse de l'intestin grêle et celle du gros intestin, sont ordinairement colorées en rouge, d'une teinte plus ou moins foncée, quelquefo s brune. L'hypertrophie et le ramollissement doivent être rangés au nombre des lésions de la muqueuse. Les ulcérations sont com‒

munes ; elles peuvent être irrégulières, arrondies, nombreuses, environnées d'un tissu enflammé ou tout-à-fait blanc. Le tissu cellulaire sous-jacent et la tunique musculaire ont été trouvés hypertrophiés. Dans les cinq ouvertures que nous avons faites, les intestins contenaient des vers lombrics. M. Carswel, de Glascow, a rencontré, sur deux individus qui avaient présenté des symptômes évidens d'irritation chronique des voies digestives, une large perforation de l'estomac, provenant du ramollissement gélatiniforme des tuniques de ce viscère ; et sur les autres points la membrane muqueuse offrait des traces non équivoques d'inflammation chronique. Le système nerveux présente des altérations non moins évidentes. Les membranes du cerveau, et surtout l'arachnoïde et la pie-mère, sont injectées, infiltrées, adhérentes, épaissies, opalines ; la consistance du cerveau est quelquefois augmentée ; la substance grise est plus colorée, plus pleine de sang ; la substance blanche est sablée, pointillée ; le plus souvent il n'y a point de sérosité dans les ventricules. Il n'est pas rare de rencontrer les os épaissis et une assez grande quantité de sang à la base du crâne. Les lésions de la moelle sont aussi fort remarquables ; les membranes, et particulièrement l'arachnoïde et la pie-mère, sont rouges, les vaisseaux gorgés de sang. Quelquefois on observe une sérosité spumeuse. La substance grise est presque toujours dure au toucher, injectée ; la blanche, au contraire, est molle, réduite en bouillie ou en crême dans une étendue plus ou moins considérable, infiltrée de pus; sa coloration est jaunâtre, d'un gris sale. Cette disposition, qui indique une période avancée de l'inflammation, doit être précédée d'injection, de congestion; mais la mort n'arrivant que dans le dernier stade, il est difficile, pour ne pas dire impossible, d'observer ces divers états.

Les faits qui viennent d'être énoncés ne doivent donc laisser aucun doute sur la nature et le siége de la pellagre. Alimens indigestes et grossiers, vêtemens sales et malpropres, travaux excessifs, privations de toute espèce, misère extrême (1), oppression et despotisme, ne sont-ce pas là des causes qui doivent exercer une très-grande influence sur les voies digestives et le système cérébro-spinal? Voyez les symptômes qui se montrent à l'observateur : ce

(1) Vaccari, frappé de l'influence des causes, surnomme la pellagre *le mal de misère*, dénomination plus exacte que celle de *misère de Lombardie*, qu'on a voulu lui donner dans ces derniers temps.

sont ceux qui dénotent l'irritation du tube intestinal et du système nerveux : de l'inappétence, du dégoût, de la pesanteur à l'estomac, de la sécheresse à la bouche, de la rougeur à la langue, etc., voilà les signes qui annoncent l'approche du danger; ce sont, en effet, les premiers qui doivent être aperçus, parce qu'ils dépendent d'un ordre de phénomènes qui s'exécutent dès notre entrée dans la vie, tandis que les troubles de l'intelligence ne peuvent se manifester qu'à une époque plus éloignée. Cette réflexion acquiert encore plus de force, si l'on se rappelle que les pellagreux sont tous laboureurs. La maladie attaque, à la vérité, l'enfance; mais alors il est extrêmement rare de noter les désordres de l'esprit, qui sont le triste apanage de l'âge mûr. Quant à la faiblesse des extrémités et aux autres accidens nerveux, ils sont, dans le plus grand nombre de cas, postérieurs aux altérations des voies digestives. Nous avons démontré que l'éruption cutanée ne se développait que consécutivement, observation d'ailleurs confirmée par l'étude des causes et des lésions anatomiques, et par la remarque faite par Cerri, Rasori et plusieurs autres, que son intensité ne correspondait pas toujours à celle de la maladie, et qu'elle pouvait cesser sans que les symptômes gastriques et nerveux s'améliorassent. Nous pouvons donc dire maintenant que la pellagre n'est autre chose qu'une irritation des voies digestives compliquée de celle des systèmes nerveux et dermoïde. Piantanida, qui, en sa qualité de médecin en chef de la Sénabre, a eu tant d'occasions de l'observer, dit positivement que le point de départ est dans le tube intestinal, et que la plus légère observation des causes, des symptômes et des lésions, le prouve jusqu'à l'évidence. Strambio, placé à la tête d'un grand hôpital, avait également écrit que les intestins étaient le siége de l'affection. M. Biett, qui a observé la pellagre en Italie, la regarde comme symptomatique de lésions de divers organes intérieurs, et surtout des voies digestives. Mais, dira-t-on, comment se fait-il que ces causes, qui existent dans d'autres pays, ne suffisent pas cependant pour y faire naître la pellagre? Les habitans des campagnes de Rome, de Naples, de Salerne, de Pæstum, sont sous l'influence d'un soleil brûlant, et aux prises avec tous les besoins : cependant ils ne présentent aucune trace de cette maladie. A cela nous pourrions répondre que la cause première des choses nous échappera toujours ; que jusqu'à présent nous ignorons, ou du moins nous ne savons pas bien pourquoi la peste affecte tel pays (1), la fièvre jaune tel autre ; pourquoi l'éléphantiasis attaque les Arabes, et le pian les Nègres. Nous hasarderons cependant une opinion qui peut, jusqu'à un certain point, expliquer pourquoi cette maladie s'observe plus particulièrement dans cette contrée. Lorsqu'on lit les divers ouvrages historiques qui ont été publiés sur le Milanais, on voit que ce pays, dès les temps les plus reculés, était dévoré par la lèpre. Dans le septième siècle, on rendit un décret contre les lépreux, et dans le huitième ils étaient devenus si nombreux qu'ils avaient fixé l'attention des autres peuples. Les papes défendaient les alliances avec les princesses lombardes, à cause de cette terrible maladie, dont elles étaient toutes infectées. Frascator, qui vivait dans le seizième siècle, dit que les ladreries renfermaient des malades atteints des différentes variétés de la lèpre.

Serait-il donc contraire au bon sens d'admettre que la pellagre n'est qu'une dégénérescence de la lèpre, qui doit aux temps et aux amélio-

(1) L'opinion de M. Pariset a sans doute de très-grandes probabilités en sa faveur, mais elle n'a point encore pour elle la sanction de l'expérience.

rations successives qui se sont introduites dans les habitudes des peuples, les modifications qu'elle a éprouvées? Ne retrouve-t-on pas, en effet, dans la description des symptômes de la lèpre à cette époque, la rougeur, la sécheresse, l'aridité, la dureté, l'épaississement, l'exfoliation, le sillonnement et l'ulcération de l'épiderme, quelquefois même l'apparition de petites élévations comme tuberculeuses, la soif et l'état déplorable des forces digestives? Ne voit-on pas aussi figurer, parmi les causes, les alimens de mauvaise nature, la malpropreté, les privations, le chagrin et toutes les impressions morales que font naître les gouvernemens oppresseurs? Il est hors de doute que la lèpre n'a jamais été contagieuse, et que si, pendant quelques siècles, elle a paru prendre un bien grand accroissement, c'est qu'elle était transmise par la voie d'hérédité : les mêmes particularités ont lieu dans la pellagre; des pères et mères sont affectés, et les enfans qui en naissent ne présentent pas le plus léger symptôme de cette affection ; une nourrice pellagreuse peut ne pas communiquer son mal au nourrisson qu'elle allaite ; plusieurs enfans couchent ensemble : parmi eux il en est des pellagreux, et les autres ne le deviennent pas; dans les hôpitaux, les nombreux pellagreux qui y sont admis ne donnent pas leur maladie aux infirmières, aux médecins et à leurs compagnons de salle. Mais, si la contagion est rejetée par la grande majorité des médecins italiens, tous, au contraire, proclament l'influence de l'hérédité; plusieurs centaines de pellagreux, que nous avons examinés à l'hôpital de Milan pendant l'époque du traitement, nous ont prouvé la vérité de cette opinion. Rien n'est plus commun, en effet, que de leur entendre dire : « mes père et mère sont morts de la pellagre, » qu'ils appellent le mal *rossa*. Presque tous, ou au moins les deux tiers, sont nés de parens pellagreux; souvent on voit réunis dans la même salle le père ou la mère et les enfans; on m'a cité plusieurs exemples du grand-père, du fils et des petits-fils venus en même temps au traitement. La pellagre se développant à toutes les époques et souvent à de longs intervalles, un homme peut mourir en apparence d'une autre maladie, et ses enfans naître pellagreux; elle peut, en outre, sauter d'une génération à l'autre, comme la folie, la goutte et plusieurs autres affections. La comparaison des symptômes et des causes justifie donc, jusqu'à un certain point, l'affinité que nous avons cherché à établir entre la pellagre et la lèpre. Hensler avait déjà soupçonné que la lèpre rouge pourrait appartenir aux pays occidentaux, et être peu à peu dégénérée de manière à donner naissance au mal de la rosa et à la pellagre de la Lombardie. Plenck avait également rangé ces deux maladies parmi les accidens de la lèpre. Aujourd'hui il est généralement reconnu que la pellagre, le mal des Asturies et le scorbut alpin, ont les plus grands rapports entre eux. Les bornes de ce mémoire ne nous permettent pas d'entrer dans de plus amples développemens à ce sujet; mais nous croyons que les raisons que nous avons alléguées pour faire de la pellagre une lèpre dégénérée, sont tout aussi concluantes que celles que l'on a données pour l'ériger en maladie nouvelle, comme si d'ailleurs certaines maladies étaient récentes, parce qu'elles ont été passées sous silence, ou mal décrites par les observateurs. Quoi qu'il en soit de cette discussion, il est un point sur lequel nous devons fixer l'attention. En 1819, M. Jourdan écrivait que, si l'on ne parvenait à arrêter le mal, bientôt il aurait converti les campagnes du Milanais en d'affreux déserts; déjà, disait-il, les hôpitaux ne suffisent plus pour recevoir les malheureux qui en sont atteints, et la plupart périssent privés de tout secours dans leurs cabanes infectes, où tout respire la plus profonde misère ou la plus grande malpropreté. Strambio, dans une courte brochure publiée en 1822, chercha à réfuter les faits avancés par l'auteur français. Nous avons tâché de distinguer de quel côté était l'erreur ; les renseignemens que nous avons pris dans toute l'étendue du royaume Lombardo-Vénitien nous font décider la question en faveur de notre compatriote, sans toutefois admettre une aussi rapide propagation. MM. Sacco, directeur par intérim des hôpitaux de Milan, Panceri père, Panceri fils, médecin de la division des hommes pellagreux, Piantanida, Rasori, Omodei et plusieurs autres praticiens, sont tous convaincus que la maladie fait chaque année de progrès. Elle est très-répandue dans les campagnes du Milanais, et augmente manifestement, d'après le nombre des individus qui sont admis chaque année dans les deux grands hôpitaux de Milan, quoique sur les états de ces deux établissemens ne soient point compris ceux qui ne réclament pas les secours de la médecine, et dont la quantité est considérable. A Brescia, à Venise, à Padoue, la proportion est loin d'être décroissante. La maladie a envahi les provinces de Mantoue, de Véronne, de Plaisance, de Parme, de Pavie; elle existe dans le grand-duché de Toscane, en Piémont; elle va en augmentant dans le Tryol; on commence à l'observer dans le haut Novarèse; à Bergame le nombre des pellagreux est, à la vérité, moins considérable que dans les districts environnans, mais aussi le sort des paysans est moins malheureux, et la nourriture de meilleure qualité, ce qui dépend d'une industrie locale. Ces faits, qui sont constans et appuyés sur les témoignages de médecins oculaires, ne laissent aucun doute sur l'accroissement de la maladie, surtout pendant les années de stérilité. Son apparition dans les lieux où elle n'avait pas encore été observée, s'explique très-bien par l'influence de l'hérédité. L'émigration des familles, leur transplantation dans d'autres endroits, les alliances qui en sont la suite, ont pour résultats de favoriser l'augmentation de la pellagre. Cette remarque est si vraie, que, dans plusieurs localités, on peut constater que l'apparition du mal date de l'époque où tel individu est venu s'établir dans le pays. Si la maladie tend à faire des progrès, si elle se propage par les changemens de lieu, les mariages, il est évident qu'un tel état de choses doit vivement exciter l'attention du gouvernement de cette partie de l'Italie, et que des moyens doivent être pris pour arrêter la marche dévastatrice de ce fléau ; nous reviendrons sur ce sujet lorsqu'il s'agira du traitement.

La pellagre a été confondue avec un assez grand nombre d'affections dont elle diffère cependant par des caractères bien tranchés. Ainsi, le genre ichtyose, dans lequel M. Alibert l'a classée, débute par squames plus ou moins larges, dures, sèches, d'un blanc grisâtre, et constamment liées avec une altération profonde des couches sous-jacentes de la peau ; l'ichtyose, d'ailleurs, ne détermine aucun trouble réel dans les fonctions ; en outre, l'anatomie pathologique ne présente point d'altération viscérale qui se lie à cette maladie.

L'éléphantiasis des Grecs ne saurait être comparée à la pellagre. Son apparition, en effet, s'annonce par des taches fauves ou rougeâtres, qui sont bientôt suivies de tubercules mous, rougeâtres ou livides, d'un volume qui varie de la grosseur d'un pois à celle d'une noix et plus. L'altération du tissu cellulaire sous-cutané est très-évidente. Il y a déformation des traits et développement énorme des parties malades. Les mêmes différences existent pour l'éléphantiasis des Arabes. Il y a bien quelquefois épaississement, coloration, brunâtre, sillonnement, mais la tuméfaction de la peau, du tissu cellulaire et du tissu adipeux est considérable, dure et permanente, accompagnée d'une déformation des parties qui en sont le siége, et spécialement de celle des jambes.

Les caractères assignés aujourd'hui à la lèpre vulgaire (dartre furfuracée arrondie de M. Alibert) ne permettent pas de la rapprocher de la pellagre; quelle analogie entre ses plaques arrondies, élevées sur les bords, déprimées au centre, et l'altération du mal lombard? L'opinion de Videmar, qui faisait de la pellagre une variété de l'hypochondrie, et celle de Della-Bona, qui la rapprochait du scorbut, ont été vigoureusement réfutées. Si ces diverses affections s'éloignent réellement de la pellagre, il n'en est pas ainsi du mal de la rosa des Asturies, ni du scorbut alpin, avec lesquels elle a les plus grands rapports. La première de ces maladies, dont Thierry a donné la description, est caractérisée, surtout au dos des pieds, des mains, et au cou, par une peau sèche, rude au toucher, noirâtre, sillonnée; par un tremblement de tête, une langue sale, de la cardialgie, de la tristesse et de la mélancolie. Tous ces symptômes ont lieu au printemps et à l'automne, quelquefois seulement au printemps, et disparaissent en été et en hiver. Dans le scorbut alpin on observe la desquamation du dos des mains et des pieds, les vertiges, la tristesse, le délire mélancolique, la chute des forces ; ces symptômes, qui se montrent au printemps, cessent dans les autres saisons de l'année (Odoardi). Nous ignorons jusqu'à quel point le mal dit *pellarello*, qui existe en Amérique, se rapproche de la pellagre, la description vague qu'on nous en a faite est loin d'avoir fixé nos idées. On ne peut établir la moindre comparaison entre le mal lombard et l'épidémie qui a régné, pendant 1828 et 1829, à Paris et dans les environs. Nous avons vu la pellagre compliquée d'impetigo, de psoriasis, d'eczéma et de lèpre noire (syphilide squameuse). On conçoit que d'autres affections cutanées viennent encore s'y joindre.

Le pronostic de la pellagre est grave. Liée à des influences locales qui exercent leur action d'une manière continue, elle tend nécessairement à faire des progrès. L'hérédité ne contribue pas peu à lui donner un caractère d'opiniâtreté contre lequel viennent échouer les efforts de la médecine. Quelques circonstances semblent influer favorablement sur cette maladie ; le changement de lieu et d'habitudes a suffi, dans plusieurs cas, pour l'enrayer, et même pour la faire disparaître : une meilleure nourriture, une plus grande aisance, un sort plus heureux, ont produit une amélioration sensible ; tandis que le retour à la campagne, aux travaux habituels, a fait éclore de nouveau les signes qui avaient disparu. Tous les degrés ne présentent pas la même intensité : le premier est susceptible de guérison ; mais, pour qu'elle soit durable, il ne faut pas que le convalescent reprenne ses occupations journalières ; le second degré, quand il n'a pas attaqué profondément la constitution, peut encore guérir, ou du moins s'améliorer, pourvu que l'individu change de demeure et de manière de vivre : toutes choses égales d'ailleurs, le pellagreux qui voit la maladie se développer pour la première fois, mais qui n'a point de parens infectés, a plus de chances de succès que celui qui l'a contractée par voie d'hérédité. Un tempérament sanguin, une organisation forte, résisteront mieux au mal qu'un tempérament nerveux et une constitution affaiblie. Le troisième degré est incurable, et, pour beaucoup de médecins, la seconde stade n'a pas une issue plus heureuse. La grossesse, la lactation, le rachitisme, les fièvres intermittentes et les maladies organiques, sont autant de complications défavorables à la cure de la pellagre. La folie est toujours fâcheuse. On ne connaît guère d'exemples d'aliénés pellagreux qui aient recouvré la santé.

Les diverses opinions émises sur la pellagre ont dû nécessairement donner naissance à une foule de traitemens opposés. Ainsi Frapolli prescrit les frictions externes, les diaphorétiques et le bain général; Gherardini recommande le petit-lait, la décoction de patience, celle de sassafras ou de gayac, et surtout le bain général et partiel; Albera conseille l'éloignement du soleil, les topiques émolliens et une bonne nourriture; Videmar pense que le principal point de la cure doit consister dans les purgatifs des premières voies; Della-Bona veut que les antiscorbutiques forment la cure principale; Soler regarde le lait comme le remède universel; Strambio ayant établi que le siége de la maladie est dans les intestins, propose les délayans et les évacuans. Au milieu d'avis si divergens, de remèdes si contraires, deux réflexions se présentent : le peu d'efficacité de ces moyens, et le besoin de nouvelles recherches. Il est cependant un résultat, nié par Strambio, mais sur lequel beaucoup de praticiens sont d'accord : nous voulons parler de l'influence des bains généraux. Tous les ans, l'administration de Milan admet dans le grand hôpital, sur la désignation des autorités locales, quatre cents à quatre cent cinquante pellagreux. Ces malades forment deux divisions, hommes et femmes, de chacune deux cents à deux cent vingt individus. La proportion des deux sexes est à peu près égale, circonstance qui dépend ici de la distribution des salles; car, en général, le nombre des femmes est plus considérable que celui des hommes. Le traitement dure environ vingt jours. Pendant ce temps, les malades vont quinze à seize fois au bain (1), prennent des tisanes rafraîchissantes, laxatives, et surtout la décoction de tamarin, sont soumis à un régime plus nourrissant, et se trouvent éloignés des causes du mal. Il n'est pas rare d'observer une exaspération de symptômes gastriques, lorsque la nourriture est trop abondante : dans ce cas, les malades sont saignés et mis à la diète. A peine

(1) Les baignoires sont au nombre de deux; elles contiennent vingt-cinq ou trente individus. Les deux tiers des malades sont rangés circulairement; l'autre tiers occupe le milieu. Le degré de chaleur varie de 24 à 26°. La durée du bain est d'environ une heure. Il y aurait de graves reproches à faire sur l'emploi de ces baignoires, dont le premier inconvénient est la saleté : nous reviendrons sur ce sujet dans un autre article.

ont-ils été quatre ou cinq fois au bain, qu'on voit l'épiderme altéré se détacher, la peau se nettoyer, devenir plus souple, moins rouge, et reprendre insensiblement son état normal. Les boissons laxatives et la nourriture plus saine contribuent aussi à ce résultat. L'amélioration produite par les bains s'explique d'ailleurs par le rétablissement de la transpiration insensible, et surtout par les rapports et les sympathies nombreuses qui lient les deux grandes enveloppes tégumentaires du corps humain. M. Panceri fils m'a fait lire sur ses feuilles d'observations l'histoire de plusieurs individus dont les bains avaient, chaque année, diminué la maladie, et qui étaient en voie de guérison. Ce nombre est sans doute fort petit, comparé à la grande quantité de ceux qui doivent avoir des rechutes : aussi beaucoup de praticiens n'hésitent-ils pas à les déclarer inutiles, sans faire attention que le retour de la pellagre est une conséquence inévitable des causes auxquelles le convalescent est de nouveau exposé. En général, la plupart des malades en traitement quittent l'hôpital soulagés, et en apparence guéris; quelques-uns cependant conservent de la faiblesse, des douleurs de tête, de moelle, de ventre et de l'enflure aux jambes. La figure est amaigrie, jaunâtre, tirée. Cette année, on a remarqué que la desquamation était moins considérable, et que les symptômes du ventre et de la tête étaient plus prononcés. Pour que les bains fussent convenablement administrés, pour qu'ils produisissent tout le bien qu'on est en droit d'en attendre, il faudrait qu'ils fussent combinés avec une méthode thérapeutique rationnelle et en rapport avec la nature des symptômes, des causes et des lésions anatomiques. Or, ces trois ordres de faits démontrent bien clairement que tantôt le système digestif est primitivement altéré, et que les systèmes nerveux et cutané ne le deviennent que consécutivement; que tantôt, au contraire, l'altération porte plus spécialement sur l'innervation, tandis que les fonctions digestives ne sont que secondairement viciées; que, dans plusieurs cas, enfin, le système nerveux est presque exclusivement attaqué. Lorsque la maladie a duré un temps plus ou moins long, son influence délétère se révèle par la souffrance de toute l'économie. D'après ces données, fondées sur l'observation des faits, on sent que les indications thérapeutiques doivent varier selon le système malade. Le tube digestif présente-t-il des sypmtômes d'irritation : des saignées générales, lorsque le pouls sera plein et fort; des saignées locales à l'épigastre, à l'abdomen et à l'anus; des boissons acidules ou mucilagineuses, des lavemens émolliens, des cataplasmes, des bains, une diète bien ordonnée, doivent former la base du traitement. Si les phénomènes nerveux prédominent, les moyens antispasmodiques seront employés de préférence : les infusions légères de tilleul, de camomille, de menthe, les potions avec la fleur d'oranger, constitueront la partie thérapeutique essentielle du traitement. Lorsque les deux systèmes seront également lésés, on associera les deux méthodes. Il est un ordre de faits qui paraît réclamer l'assistance d'agens thérapeutiques plus énergiques : nous voulons parler des douleurs de la moelle épinière et de la faiblesse des extrémités. L'application d'un ou de plusieurs moxas sur la colonne vertébrale ne serait-elle pas un puissant révulsif? les altérations pathologiques de la substance médullaire et de ses enveloppes donnent beaucoup de vraisemblance à cette opinion. Aussitôt qu'une amélioration marquée aura succédé aux symptômes morbides, la nourriture sera l'objet d'une attention particulière; elle sera abondante et animale; on la choisira parmi les alimens de facile digestion; les pellagreux boiront une petite quantité de bon vin; ils éviteront de se livrer à aucun travail fatigant, et surtout de reprendre trop tôt leurs habitudes. Ces moyens, modifiés selon les tempéramens, les individus, les périodes et les indications, procureront quelques guérisons lorsque le mal n'aura pas jeté de trop profondes racines. La folie n'étant qu'une complication de la pellagre, on la traitera comme telle, à moins que les symptômes ne soient assez violens pour exiger des remèdes plus actifs.

La cure de la pellagre nous paraît donc devoir être dirigée d'après les principes que nous venons d'indiquer; mais il n'est personne qui ne reconnaisse combien la médecine serait insuffisante dans ce cas, si elle n'était puissamment secondée par l'hygiène et la législation. Une première mesure, dont la nécessité ne saurait être contestée, c'est la description topographique de toutes les communes infectées : un pareil tableau aurait l'avantage d'indiquer exactement la proportion des individus attaqués chaque année, l'accroissement ou la diminution de la maladie, son mode de communication, d'introduction, d'apparition et de propagation. Ce serait, en outre, le moyen de combattre ou de confirmer l'opinion du grand nombre de médecins qui pensent que la pellagre fait des progrès continuels. Ces topographies, embrassant tous les matériaux de l'hygiène, seraient exécutées par les médecins de chaque localité, et adressées au gouvernement, qui stimulerait le zèle par des récompenses honorables. Ce moyen serait bien autrement profitable que les panacées qui ont été successivement préconisées et abandonnées. Une seconde mesure, non moins importante, serait de prendre en considération la situation des paysans, leurs ressources et la nature de leurs taxes. Accablés d'un côté par l'énormité des impôts, et de l'autre par la rapacité de leurs seigneurs, on se figure facilement l'état déplorable des cultivateurs milanais. En grevant les denrées de droits, il en résulte l'impossibilité de se les procurer bonnes, et la nécessité de les avoir détériorées ou d'une qualité très-inférieure. La surcharge des impôts produit d'ailleurs le découragement, le mécontentement, la contrebande et la haine; tandis que leur diminution, au contraire, amène après elle la satisfaction, l'abondance et la propriété, source de toutes les améliorations. En rejetant, en outre, l'instruction, sous les prétextes les plus futiles, les gouvernemens rendent les peuples plus propres à être imbus de préjugés, leur font désirer plus vivement ce qu'ils ne connaissent pas, et ne peuvent empêcher que tôt ou tard la voix de la vérité, qui est aussi celle de l'intérêt, ne se fasse entendre à des hommes mal préparés; les améliorations alors, au lieu d'être lentement et sagement élaborées, s'enlèvent au milieu des convulsions par la violence et la destruction. L'éducation est donc le moyen nécessaire, indispensable, de préparer les changemens convenables. C'est par l'affranchissement des communes, le commerce, l'industrie, des institutions plus libérales et la connaissance de l'hygiène, que la France vit disparaître ces milliers de ladreries qui couvraient sa surface; tant il est vrai que les maladies endémiques sont plutôt dues aux mœurs et aux habitudes des hommes, qu'au climat et aux influences atmosphériques. Ouvrons l'histoire de la médecine, et nous lirons à chaque page que ces affections sont les résultats de la barbarie et du désordre des institutions sociales. L'ignorance des peuples a renversé les lois de l'hygiène. Tous les bons observateurs ont fait la remarque judicieuse, que les hommes qui sont habituellement mal nourris, qui vivent dans la saleté, dans la misère, l'ignorance et les privations, sont plus spécialement en proie aux maladies endémiques; on les voit disparaître avec les bons alimens, les divers soins de propreté, et le fréquent usage de linge; ils ont également constaté que toutes les maladies, considérées sous un point de vue général, s'éloignent de certains pays, quand les circonstances cessent de favoriser leur action. Aussi professons-nous hautement l'opinion que la peste, la fièvre-jaune et le choléra-morbus, disparaîtront de la face de la terre, lorsqu'au *musc*, au *camphre*, à *l'opium*, aux *purgatifs*, etc., on aura substitué l'application des lois de l'hygiène. Pourquoi le typhus est-il devenu beaucoup moins redoutable dans nos contrées? c'est que l'hygiène a bien fait connaître les précautions qu'il y avait à prendre contre ce fléau.

Les localités assainies, la condition améliorée, les taxes diminuées, les communications rendues faciles et multipliées, la propriété devenue possible, l'éducation répandue, on verrait aussitôt cesser l'apathie profonde des paysans milanais pour leur sort; ils s'empresseraient de sortir de leur état de misère, et, au lieu de témoigner l'indifférence la plus grande pour le mal qui les décime, ils le combattraient par tous les moyens qui seraient en leur pouvoir. Pour concourir à ce but, il conviendrait d'éviter les mariages entre pellagreux, de favoriser les unions entre les individus bien portans, d'encourager les émigrations, lorsque les localités sont très-infectées et les individus très-pauvres, et de faire élever les enfans par des nourrices saines : on aurait soin, autant que possible, qu'ils changeassent d'air, de climat, de situation, et on n'omettrait rien de ce qui pourrait modifier et améliorer la disposition originelle.

Ici se borne la tâche que nous nous étions imposée ; en coordonnant et indiquant les moyens que nous croyons les plus propres à arrêter les progrès du mal, nous croyons avoir autant fait pour l'humanité, que si nous avions trouvé un spécifique ou inventé un instrument. C'est dans cette persuasion que nous présentons les conclusions suivantes :

1° La pellagre est tantôt une irritation primitive des organes digestifs, compliquée de celle des systèmes nerveux et cutané, tantôt une maladie de l'innervation, avec lésion secondaire des fonctions digestives. Dans plusieurs cas, le système nerveux est seul attaqué. L'altération de la peau est évidemment consécutive. Elle manque quelquefois, n'est pas toujours en rapport d'intensité avec les autres symptômes, et peut cesser sans qu'il y ait guérison.

2° Les symptômes ne laissent aucun doute sur le siége du mal et sur sa nature. Les causes qui déterminent la pellagre appartiennent à la classe des irritans et des débilitans.

3° Les altérations pathologiques qu'on trouve dans les systèmes digestif, cérébro-spinal et cutané, viennent à l'appui de la première proposition.

4° Les trois périodes ne sont pas aussi nettement tranchées qu'on l'a prétendu. La seconde peut rester plusieurs années stationnaire ; elle est presque constamment mortelle, si les circonstances ne changent pas. La troisième est incurable.

5° La pellagre est héréditaire, non contagieuse, et tend sans cesse à s'accroître. L'éloignement des lieux et le changement de vie exercent une heureuse influence sur la maladie.

6° Le traitement doit être alternativement ou simultanément antiphlogistique et antispasmodique, quelquefois révulsif. L'amélioration doit être secondée par une bonne alimentation ; mais le traitement ne comptera de succès réels qu'autant qu'il aura pour auxiliaires de bonnes mesures hygiéniques et administratives, au premier rang desquelles nous mettons l'assainissement des localités, l'amélioration des conditions, la diminution des taxes, la facilité des communications, la possibilité d'acquérir, et enfin l'éducation. Nous pensons également qu'il conviendrait d'éviter les mariages entre pellagreux; d'encourager les émigrations, lorsque les villages sont très-infectés, et les habitans très-pauvres, et de faire élever les enfans par des nourrices saines. Il serait également utile d'engager autant que possible les pellagreux à changer d'air, de climat et de profession; enfin, il ne faudrait rien omettre de ce qui pourrait modifier et améliorer la disposition originelle.

Nota. En terminant ce mémoire, nous croyons devoir reproduire les propositions suivantes, faites par le professeur Chiappa, de Paris, en réponse aux demandes du gouvernement autrichien. On y trouvera la preuve la plus formelle de l'exactitude des faits que nous avons avancés dans cet exemple. Nous ferons seulement remarquer que le travail des médecins italiens, inséré dans les *Annali Universali di Medicina*, Milan, janvier 1833, est postérieur de deux ans à celui que nous avons lu à l'Académie royale des sciences en 1831. Voici la série de ces propositions :

1° Instituer des commissions médicales, ou des inspections dans les différens départemens du royaume de Lombardie.

2° Les inspecteurs visiteront à époques fixes chaque maison qui se trouve dans leur district, et rapporteront aux contrôleurs comment chaque nouveau cas est arrivé. Les temps les plus propres pour ces visites sont les mois de de mars et d'avril, alors que cette maladie commence, ou du moins est plus grave. En effet, le printemps l'amène, et l'automne la voit disparaître.

3° Des hôpitaux commodes ou des maisons de santé seront désignés pour recevoir les cas de pellagre aussitôt qu'ils sont reconnus. Cet avis est donné, non pas par crainte de contagion, mais pour que les malades qui sont toujours pauvres et malheureux aient en abondance une nourriture saine, et qu'ils ne soient pas exposés au soleil brûlant de l'été. On remarque que cette maladie attaque rarement dans les villes les basses classes d'ouvriers et d'artisans, quoique leur nourriture soit limitée et de mauvaise qualité; on attribue cela à ce que leur travail n'est pas si fatigant, et à ce qu'ils travaillent au-dedans de leurs maisons. De plus, quand ils sont malades, les hôpitaux leur sont ouverts. Les pauvres paysans n'ont aucune de ces commodités. Ils travaillent comme des bêtes de charge, sont plus mal nourris qu'elles, et même, quand ils sont malades, aucun soulagement ne leur est donné. Aussi quand ils deviennent pellagres, ils ne guérissent point, à moins qu'on ne les transporte à quelque hôpital de ville.

4° Une notice simple et judicieuse, apprenant comment on contracte cette maladie, et la manière de la traiter aux premières atteintes, doit être répandue librement parmi le peuple.

5° On doit établir des bains publics, et le peuple doit y être admis dès que le plus léger symptôme de pellagre paraît.

6° Le mariage doit être défendu aux pellagres: malheureusement pour cette disposition, le mal n'attaque pas les jeunes gens avant trente ans.

7° Il serait bien que le gouvernement établît des boulangeries pour suppléer à ce qui manque aux paysans.

8° La culture du blé, de l'orge et du seigle doit être encouragée de préférence à celle du maïs ou blé indien, dont les pauvres font tant d'usage en Italie. Le pain de maïs est indigeste et beaucoup moins nourrissant que celui des autres grains.

9° On recommande aussi la culture du vin.

10° L'éducation morale et religieuse du peuple doit être commencée de bonne heure et suivie avec zèle.

Les conditions domestiques de salubrité peuvent être améliorées. L'agriculture et quelques manufactures sont susceptibles de changemens avantageux; les huttes sales et humides des gens de campagne peuvent être changées en demeures propres et commodes; leurs vêtemens peuvent être meilleurs et leurs alimens plus nourrissans. Le docteur Chiappa affirme que cette maladie dépend moins qu'on ne le croit de l'insalubrité locale; il n'y a pas de doute que cette circonstance ne l'accroisse, mais il ne la donne que pour une influence secondaire. On doit en rechercher les causes dans la nourriture malsaine et insuffisante, et dans les travaux pénibles à l'ardeur du soleil. Que les riches deviennent humains et généreux, et nous verrons beaucoup moins de pellagres. Au printemps, l'ouvrage des champs ne doit pas être excessif, surtout pendant la chaleur étouffante du midi; on doit choisir les heures du matin et du soir. (*Ann. univ.*)

FIN.

www.ingramcontent.com/pod-product-compliance
Lightning Source LLC
Chambersburg PA
CBHW070304100426
42743CB00011B/2337